Rachetée

Mme MVE

Rachetée

Témoignage/Récit engagé

FSC
www.fsc.org
MIXTE
Papier issu
de sources
responsables
Paper from
responsible sources
FSC® C105338

Relecture : Créxent-Émée MVE ANGOUE
Correction : Pierre Gheno, Auriole Miguel, Andréa N'Guessan, Marina Njaki
Autres contributeurs : Armond Gourdet, Pasteur Impact Centre Chrétien (ICC) Strasbourg

Édition : BoD · Books on Demand, 31 avenue Saint-Rémy, 57600 Forbach, bod@bod.fr
Impression : Libri Plureos GmbH, Friedensallee 273, 22763 Hamburg (Allemagne)

ISBN : 978-2-3225-7386-8
Dépôt légal : mai 2025

Je dédie ce récit;

À Toi, Père Céleste, mon Seigneur et Sauveur, qui m'as rachetée à un prix inestimable et qui m'as donné Ton nom, en Père aimant et en Époux fidèle.

À toi, mon Excellence, celui par qui Dieu façonne mon cœur jour après jour, mon époux, mon pilier, the Only One, pour de longues années encore sous la grâce divine.

À mon fils aîné, Keeran, mon futur S.T.A.R,* que ton chemin soit illuminé par le meilleur de ce que la vie a à offrir.

À ma fille, Kéturah-Lior, mon diamant précieux, que ton destin s'écrive sans les erreurs du passé, avec sagesse et éclat.

À vous, femmes courageuses, qui avez connu la douleur et le poids des épreuves, ne doutez jamais de votre valeur. Aux yeux de Dieu, vous êtes infiniment précieuses, plus éclatantes que les plus belles perles. Il vous aime d'un amour sans limites, vous porte dans Ses bras, et veut pour vous la paix et le bonheur que vous méritez tant.

Remerciements

À Toi, Saint-Esprit, mon guide, mon réconfort, ma lumière dans les ténèbres. À chaque étape, Tu as été là, me rappelant que je suis précieuse aux yeux de Dieu et que je ne suis jamais seule.

À mon époux, mon soutien numéro un, mon ami, Créxent-Émée, merci de croire en moi et de m'accompagner dans chacune de mes entreprises.

À mes mamans, Bernadette E., Hermine L., Gwladys L., qui m'ont portée et façonnée en la femme que je suis aujourd'hui. Je suis le résultat de la somme de vos grâces.

À toi, pasteur Armond G., dont les enseignements ont nourri ma foi et fortifié mon esprit. Merci d'avoir accepté d'écrire le prologue de ce livre.

À Malou et Elie F., mes parents de cœur, nos témoins de mariage, ceux qui, depuis le premier jour, nous ont entourés d'amour et de conseils. Vous êtes des piliers, des modèles, des gardiens bienveillants de notre engagement.

À Raïssa A., mon amie d'enfance, ma confidente, celle qui m'a aidée à me réaffirmer lorsque je ne savais plus qui j'étais. Ta présence et tes paroles m'ont rappelé la femme forte et précieuse que Dieu avait façonnée en moi.

À Steffy M.O, mon amie, ma sœur, celle qui a pris soin de moi et de mon fils dans les moments les plus difficiles. Ton amour inconditionnel, ta présence et ta tendresse ont été des dons inestimables dans ma vie.

À Karl M.O et Wens M., compagnons de route, frères fidèles depuis mes premiers pas à Strasbourg. Merci pour votre amitié sincère, votre bienveillance et votre générosité.

À Syndi et Nelson N.O, merci pour vos encouragements constants, pour avoir cru en moi même lorsque je doutais, pour vos paroles qui m'ont portée au quotidien. Votre soutien a été un véritable moteur sur ce chemin.

À mes lecteurs bêta, Pierre GHENO, Andréa NGUESSAN, Marina NJAKI, et Auriole MIGUEL, merci pour votre regard affûté, vos retours précieux et votre patience. Vous avez contribué à donner à ces mots leur justesse et leur force.

Enfin, merci à tous ceux qui, d'une manière ou d'une autre, ont fait partie de ce voyage. Que Dieu vous bénisse abondamment.

Prologue

C'est avec une immense joie que je prends le temps pour introduire ce livre, œuvre d'une femme que j'ai l'honneur de connaître et d'apprécier profondément. Welda MVE, n'est pas seulement une femme talentueuse, mais aussi une âme généreuse, capable de transmettre des émotions, des idées et des réflexions avec une sincérité rare.

Chaque mot, chaque page de ce livre résonne avec l'essence même de son être : une personnalité vibrante, curieuse, et toujours prête à partager son expérience avec tout le monde. À travers ses écrits, elle nous invite à plonger nos regards sur ce que signifie être racheté par Dieu.

Ce livre est bien plus qu'un simple témoignage de son talent littéraire. C'est une invitation à découvrir une facette de Welda que peu connaissent réellement, et pourtant, qui s'avère être un cadeau précieux pour ceux qui ont la grâce de croiser son chemin.

Je ne peux qu'espérer que vous serez aussi touché(e) par la lecture de cet ouvrage. Il est un reflet de son cœur et de son esprit, et c'est un honneur pour moi de pouvoir vous inviter à le découvrir.

Être **"racheté par Dieu"** est une expression qui provient de la Bible et qui fait référence au processus par lequel une personne est **sauvée du péché** et de la séparation d'avec Dieu, grâce à **l'amour et au sacrifice divins**.

1 Corinthiens 6 :20 *"Car vous avez été rachetés à un grand prix. Glorifiez donc Dieu dans votre* *corps et dans votre esprit, qui appartiennent à Dieu ".*

1 Pierre 1 :18-19 *"sachant que ce n'est pas par des choses périssables, par de l'argent ou de l'or, que vous avez été rachetés de la vaine manière de vivre que vous avez héritée de vos pères,19 mais par le sang précieux de Christ, comme d'un agneau sans défaut et sans tache, "*

Dans ce contexte, le terme **"racheter"** signifie **"libérer"** ou **"acheter la liberté"** de quelqu'un. Selon la Bible, l'humanité, en raison du péché originel et des péchés personnels, se trouve dans une situation de **séparation spirituelle avec Dieu**. La **"rédemption"** ou le **"rachat"** par Dieu, c'est donc **l'acte divin par lequel Dieu offre la possibilité de cette réconciliation et de cette restauration de la relation avec lui**.

Le rachat signifie que Dieu libère l'individu du pouvoir du péché et de la mort spirituelle, en offrant un moyen de réconciliation et de pardon.

Ce moyen est **le sacrifice de Jésus-Christ**, qui est mort sur la croix pour expier les péchés de l'humanité. Ce sacrifice permet, par la foi en lui, de **recevoir le pardon de Dieu et d'être réconcilié avec Lui**. Le rachat n'est pas quelque chose que l'on peut mériter par ses propres actions, mais **un don gratuit de Dieu**, offert par grâce.

Éphésiens 2V8 *"Car c'est par la grâce que vous êtes sauvés, par le moyen de la foi. Et cela ne vient pas de vous, c'est le don de Dieu"*

Jésus a payé le prix de cette rédemption par sa mort sur la croix, un acte d'amour qui permet aux croyants de recevoir **la vie éternelle avec Dieu**.

Le rachat est un cadeau de Dieu, **offert à tous ceux qui croient en Jésus-Christ**, et non quelque chose que l'on peut gagner par ses efforts. C'est **un acte de miséricorde et de compassion divine**.

Être racheté, c'est **recevoir une nouvelle vie** spirituelle, transformée et **guidée par l'Esprit de Dieu**, qui permet à la personne de vivre selon les principes divins, dans l'amour et la communion avec Dieu.

En résumé, être "racheté par Dieu" signifie que **l'on est libéré du péché et réconcilié avec Dieu grâce au sacrifice de Jésus**, une grâce divine qui permet à une personne de recevoir le pardon et de vivre une vie nouvelle en relation avec Dieu.

Pourquoi a-t-on besoin d'être racheté ?

L'humanité a besoin d'être rachetée **en raison de la séparation causée par le péché**. Adam et Ève, les premiers humains, ont désobéi à Dieu en mangeant du fruit défendu, ce qui a entraîné **la chute de l'humanité dans un état de péché**. Depuis cet événement, tous les êtres humains naissent dans cet **état de séparation spirituelle** d'avec Dieu.

Voici quelques raisons pour lesquelles cette rédemption est nécessaire :

1- On a besoin d'être racheté : Le péché crée une rupture entre l'humanité et Dieu. **Dieu est saint** et parfait, tandis que **le péché**

entraîne une imperfection et un éloignement spirituel.

Romains 3 :23-25 *"Car tous ont péché et sont privés de la gloire de Dieu ; "*

Ésaïe 59V1-2 *"Non, la main de l'Éternel n'est pas trop courte pour sauver, Ni son oreille trop dure pour entendre. 2 Mais ce sont vos crimes qui mettent une séparation Entre vous et votre Dieu ; Ce sont vos péchés qui vous cachent sa face Et l'empêchent de vous écouter. "*

2- On a besoin d'être racheté : Le péché a des **conséquences**, notamment **la mort spirituelle,** comme l'explique **Romains 6 :23** *"Le salaire du péché, c'est la mort."*

Le péché entraîne une séparation éternelle d'avec Dieu si aucune solution n'est apportée.

3- On a besoin d'être racheté : À cause de l'incapacité humaine à se racheter soi-même : aucun être humain ne peut, par ses propres actions, effacer ses péchés ou rétablir sa relation avec Dieu. Il est impossible de gagner la réconciliation avec Dieu par des efforts humains, **d'où la nécessité d'un sauveur**.

Jean 14V6 *"Jésus lui dit : Je suis le chemin, la vérité, et la vie. Nul ne vient au Père que par moi."*

Comment cela se fait-il selon la Bible ?

Selon la Bible, **le rachat des péchés** s'accomplit principalement **par l'œuvre de Jésus-Christ** à la croix. Voici les étapes et les principes bibliques qui expliquent ce processus :

1- Le sacrifice de Jésus-Christ : La Bible enseigne que Jésus, **le Fils de Dieu**, est venu sur Terre pour vivre une vie parfaite et sans péché. Il a **pris sur lui les péchés de l'humanité** et est mort sur la croix pour expier ces péchés. Ce sacrifice est vu comme un paiement du prix pour la rédemption de l'humanité. Jésus est décrit dans la Bible comme étant le **"Lamb of God" (l'Agneau de Dieu)**, qui prend sur lui les péchés du monde

(Jean 1 :29) « *Le lendemain, il vit Jésus venant à lui, et il dit: Voici l'Agneau de Dieu, qui ôte le péché du monde.* "

Ésaïe 53 :5 parle **d'un serviteur souffrant qui porte nos péchés** : "*Mais il était blessé pour nos péchés, écrasé pour nos iniquités ; le châtiment qui nous donne la paix est sur lui, et c'est par ses meurtrissures que nous sommes guéris.*"

Romains 5 :8 dit : "*Mais Dieu prouve son amour envers nous, en ce que, lorsque nous étions encore pécheurs, Christ est mort pour nous.*"

2- La résurrection : Jésus ne reste pas mort. **Sa résurrection**, trois jours après sa crucifixion, est **le fondement de la foi chrétienne.** Elle démontre sa **victoire sur le péché et la mort**, et ouvre la voie à la **vie éternelle** pour ceux qui **croient en lui.**

3- Le rôle de la foi et de la grâce : La rédemption est un don de la grâce de Dieu, et non le résultat d'efforts humains.

Selon **Éphésiens 2 :8-9**, "*C'est par la grâce que vous êtes sauvés, par le moyen de la foi. Et cela ne vient pas de vous, c'est le don de Dieu ; ce n'est point par les œuvres, afin que personne ne se glorifie.*" La personne **qui croit en Jésus et** accepte son sacrifice reçoit le pardon et la réconciliation avec Dieu.

Quel apport pour un homme ?

Le rachat apporté par Dieu à travers Jésus-Christ a **plusieurs effets bénéfiques** pour un être humain, tant **sur le plan spirituel que pratique** :

1- Réconciliation avec Dieu : Le rachat permet de **restaurer la relation brisée entre l'homme et Dieu**. Par Jésus, les péchés sont pardonnés, et l'individu peut avoir une relation directe avec Dieu, sans crainte de la séparation éternelle.

Cela est décrit dans **2 Corinthiens 5:18-19** : *"Tout cela vient de Dieu, qui nous a réconciliés avec lui par Christ. "*

2- Liberté spirituelle : Le **péché**, selon la Bible, est un **fardeau lourd à porter**.

Jésus dit dans **Jean 8 :36** : *"Si donc le Fils vous affranchit, vous serez réellement libres."* Par le rachat, l'individu est libéré de l'esclavage du péché et de la culpabilité, et peut vivre une vie nouvelle."

3- Don de la vie éternelle : Le rachat par Jésus-Christ **offre la promesse de la vie éternelle** avec Dieu. Ce n'est pas seulement une amélioration de la vie présente, mais **une perspective d'espérance** qui va au-delà de la mort physique. Comme il est écrit dans **Jean 3 :16** : *"Car Dieu a tant aimé le monde qu'il a donné son Fils unique, afin que quiconque croit en lui ne périsse point, mais qu'il ait la vie éternelle."*

4- Transformation de la vie quotidienne : Le rachat ne concerne pas seulement la question du salut éternel, mais aussi la transformation de la vie terrestre. Celui qui est racheté par Christ **reçoit l'Esprit Saint**, qui l'aide à **vivre selon la volonté de Dieu**, à manifester l'amour, la paix, la patience et d'autres qualités spirituelles.

Galates 5 :22-23 énumère **les fruits de l'Esprit** comme étant l'amour, la joie, la paix, etc.

5- Espoir et paix intérieure : Le rachat procure **une paix intérieure** qui découle de **la certitude du pardon divin** et de la promesse d'une **relation intime avec Dieu**. Il aide à **surmonter les difficultés de la vie** en apportant un sens profond à l'existence.

En somme, **être racheté par Dieu**, selon la Bible, signifie **être libéré du péché et de ses**

conséquences, recevoir le pardon divin et la vie éternelle, et vivre une nouvelle vie **guidée par l'amour et la grâce de Dieu**. Cela change fondamentalement la manière dont une personne perçoit sa vie, ses relations et son avenir.

Pasteur Armond GOURDET
Pasteur Impact Centre Chrétien Strasbourg

Chapitre 1
L'envol vers l'inconnu

L'avion survolait la ville de Libreville, illuminée par les lumières de la nuit. C'était une nouvelle vie qui commençait pour moi, une vie pleine d'espoir et de rêves. Je m'étais toujours dit que les études étaient l'unique clef vers un avenir meilleur. Pour cela, j'avais tout fait pour exceller. Mon admission en faculté de droit Robert Schuman[1], au sein de la prestigieuse université de Strasbourg avait été une fierté pour moi. Je ne savais pas que ce voyage serait

---

[1] Juriste et ministre français des Affaires étrangères de 1948 à 1952, père de l'unification de l'union européenne.

aussi le début d'une longue quête d'identité et de résilience.

La veille de mon départ, l'angoisse me rongeait déjà. Dans la maison familiale, tout semblait immobile, figé par la peur du changement. Ma mère essayait de masquer son inquiétude en s'affairant à préparer mes dernières affaires, mais je voyais bien la tristesse voilée dans son regard. Mon petit frère me regardait avec une incompréhension enfantine, ne mesurant pas encore l'ampleur de ce qui allait se passer. J'étais sur le point de quitter mon cocon, de m'éloigner de tout ce que j'avais connu à ce jour, pour plonger dans l'inconnu.

Le soir de mon vol, nous nous étions dirigés vers l'aéroport international Léon Mba[2]. Le trajet en voiture semblait durer une éternité, pourtant, chaque minute me rapprochait d'un adieu que je redoutais. Mon cœur battait la

---

[2] Premier président du Gabon (1960-1967)

chamade. Les paysages familiers de Libreville défilaient sous mes yeux et une vague de nostalgie m'envahissait. Pourtant, je n'étais pas une grande « Librevilloise [3] ». Mes souvenirs de cette ville se limitaient à l'enceinte de mon lycée, dont l'expérience mitigée, ne m'inspirait guère à la franchir une fois de plus dans mes pensées. J'étais une enfant de la province.

Arrivée à l'aéroport, une chape de plomb m'avait oppressée. L'agitation ambiante, les annonces micro, les valises qui roulaient dans tous les sens, les porteurs qui s'affolaient devant les clients cherchant chacun à tirer parti de leur stress, accentuaient cette pesanteur sur mes épaules juvéniles. Je fixais le sol, cherchant un ancrage, une échappatoire, pour ne pas me laisser submerger. Ma mère avait posé une main rassurante sur moi. Elle avait essayé de sourire, mais ses yeux étaient humides.

------

[3] Habitante de Libreville

Les formalités d'enregistrement avaient commencé. Mon oncle m'avait donné quelques recommandations, essayant de me préparer à cette nouvelle aventure. Mais mon esprit était ailleurs. Je regardais ma famille, je faisais l'exercice de graver chacun de leurs visages dans ma mémoire. Allais-je réussir à affronter cette nouvelle vie loin d'eux ?

Le moment des au revoir était arrivé. Ma mère m'avait serrée contre elle. Son étreinte était forte, presque désespérée. Mon oncle, d'habitude si fort et inébranlable, semblait ému lui aussi. Je luttais intérieurement pour ne pas laisser échapper une seule larme. Je voulais leur montrer que j'étais forte, que j'étais prête. Mais au fond, je craignais l'inconnu, l'éloignement,
l'échec.

Quand était venu le moment de franchir la porte d'embarquement, c'était d'un pas lourd que je posais chaque pied l'un après l'autre. Je tremblais. Je me retournais une dernière fois, cherchant une ultime image de mes proches. Ils me faisaient signe de la main, et je leur répondais, malgré le vague à l'âme s'empirant, par un large sourire de circonstance.

Dans l'avion, j'avais pris place, le regard perdu. L'appareil avait décollé, et je ressentais un vertige. Le hublot était devenu mon unique fenêtre sur ma vie d'avant, comme si Dieu m'invitait silencieusement à prendre de la hauteur sur mon passé. Le Gabon s'éloignait sous moi, mon foyer devenait un point minuscule dans l'immensité de l'Afrique. Une larme avait coulé sur ma joue.
Mais où allais-je ?

Le voyage avait été long, ponctué de turbulences en accord avec mon état intérieur.

Chaque minute qui passait me rapprochait de ma nouvelle vie, de l'inconnu. Et je m'étais promis une chose : j'y allais pour cinq années, puis je rentrerai chez moi.

Arrivée à Paris

Le 8 octobre 2014, à 6 heures du matin, l'avion avait atterri à l'aéroport Charles de Gaulle. Mes muscles étaient engourdis par les longues heures de vol. La tension et la fatigue se mêlaient à une excitation contenue. J'avais récupéré ma valise et m'étais avancée vers la sortie, mon regard fouillant la foule. Il faisait froid.

Un homme tenait une pancarte avec des noms, le mien s'y trouvait. C'était le chauffeur envoyé par Campus France[4], chargé de gérer l'accueil des boursiers gabonais en France. Son sourire bienveillant m'avait immédiatement mise à l'aise. Il m'avait saluée chaleureusement et avait pris mes bagages.

— Bienvenue en France ! Vous devez être fatiguée, on va vite rejoindre le véhicule.

Nous avions été conduits à une voiture garée non loin de l'entrée du terminal. Il s'agissait d'un van, et nous étions cinq étudiants gabonais ce jour-là. Nous nous étions installés et avions profité de l'occasion pour faire connaissance brièvement. Au beau milieu des échanges, le spleen m'avait envahie de nouveau, et je regardais la réalité désemparée : je n'étais plus au Gabon.

---

[4] Agence nationale chargée de la promotion de l'enseignement supérieur français à l'étranger, de la gestion des bourses des gouvernements français et étrangers et de l'accueil des étudiants internationaux.

La voiture avait démarré, quittant les abords de l'aéroport. Je regardais par la fenêtre, découvrant un paysage étranger. L'aube éclairait progressivement la ville. Je me sentais à la fois émerveillée et oppressée. Je repensais à ma famille, me demandant ce qu'ils faisaient à cet instant. Avait-il bien dormi ? Pensaient-ils à moi autant que je pensais à eux ?

Les autres semblaient ressentir mon malaise. L'un des étudiants, qui n'était pas à son premier voyage et pensait me rassurer par ses hauts faits, m'avait dit avec assurance :

— Tu verras, la France est un beau pays. Il faudra un temps d'adaptation, mais tu vas t'y plaire.

J'avais souri timidement. C'était rassurant d'entendre ces mots, mais au fond, une angoisse sourde persistait. Je me demandais si je serais à la hauteur, si je réussirais à trouver ma place dans ce nouvel univers.

Nous nous étions rendus au siège de « Campus France », où je devais me faire enregistrer avant de récupérer mon billet de train et une enveloppe correspondant à ma première bourse, car je n'avais pas encore de compte bancaire français.

Une fois cette étape achevée, j'avais été invitée à repartir. Cette fois-ci, c'était à moi de me débrouiller pour trouver un chauffeur qui me conduirait à la gare de l'Est.[5]

Une fois arrivée à la gare pour prendre mon train vers Strasbourg, je me suis dirigée vers les agents de la compagnie ferroviaire. Après avoir vérifié mon billet, ils m'ont expliqué le déroulement du voyage, m'ont remis mon ticket et m'ont guidée vers le bon quai.

---

[5] Gare ferroviaire situé à Paris qui dessert toutes les villes de l'Est de la France

— Ne vous inquiétez pas, le train est direct, m'ont-ils assuré avec bienveillance.

Je les ai remerciés chaleureusement avant de monter à bord. Lorsque le train a démarré, j'ai observé les paysages français défiler sous mes yeux. Instinctivement, j'ai fait le parallèle avec le vieux NTSA Express[6] que je prenais pour aller à Franceville[7] voir mes grands-parents. Là-bas, les vastes forêts vierges, où l'on apercevait parfois des éléphants ou des panthères, faisaient partie du décor familier. Ici, en France, les forêts étaient plus clairsemées, laissant place à de grandes plaines où paissaient paisiblement des troupeaux de moutons et de chevaux.

Arrivée à Strasbourg

---

[6]TGV gabonais
[7] Capitale provinciale du Haut-Ogooué la deuxième province du Gabon

Le train était entré en gare de Strasbourg aux environs de 16 h. L'épuisement se lisait sur mon visage, mais une excitation nouvelle prenait le dessus. J'étais enfin là, dans cette ville qui deviendrait mon foyer pour les cinq années à venir.

En descendant du train, j'avais été immédiatement séduite par la beauté de l'édifice strasbourgeois. Son imposante façade de verre et d'acier abritait une architecture ancienne, presque majestueuse. Derrière cette modernité, on devinait les pierres blondes de l'ancienne gare, datant du XIXe siècle. L'atmosphère était à la fois paisible et animée. Des voyageurs pressés se croisaient, certains traînant des valises, d'autres discutant, café en main.

Je pris un instant pour respirer profondément. L'air était plus frais qu'à Paris. Je sortis un document de mon sac : la réservation d'hôtel faite par « Campus France » en mon nom, en attendant qu'une chambre au Crous me soit attribuée. Je plissais les yeux en cherchant l'adresse, puis finissais par héler un taxi.

J'aimais ce que je voyais. Les rues pavées, les bâtiments aux façades typiques à colombages, les trams glissant en silence… Chaque détail me fascinait. Mais pour l'instant, je devais avant tout trouver mon hôtel et me reposer avant d'explorer la ville.

Premiers jours à Strasbourg

Cela faisait une semaine que j'étais dans cette ville fascinante qu'était Strasbourg, capitale de l'Europe. J'avais dû effectuer toutes les démarches administratives relatives à mon visa, notamment la validation par l'OFII[8].

---

[8] Office Français de l'Immigration et de l'Intégration

J'avais également réagi rapidement pour mon inscription à la faculté. Les premiers jours avaient été un tourbillon d'émotions et d'activités.

Après trois jours passés à l'hôtel, c'était la résidence universitaire Paul Appell[9] qui m'avait accueillie. Située non loin du campus, elle était pratique pour mes déplacements. Ma chambre de 9 m² était modeste, la cuisine, ainsi que les sanitaires, étaient communes, mais elle représentait mon premier espace personnel en France. Dès mon arrivée, j'avais été séduite par l'architecture unique de Strasbourg. Mélange d'influences germaniques et françaises, la ville possédait un charme indéniable. Ses bâtiments, ses ruelles pavées et ses ponts enjambant l'Ill[10] offraient un décor digne d'une carte postale.

---

[9] Mathématiciens français
[10] Rivière française qui baigne la plaine d'Alsace

Je découvrais mon quartier avec curiosité. L'esplanade était le quartier étudiant par excellence, il donnait sur le campus. Au-delà des nombreuses facultés environnantes, y siégeaient toutes les commodités les plus recherchées. Je me rendais rapidement compte que la ville possédait un charme à elle, alliant tradition et modernité. Chaque matin, je me rendais à la faculté en marchant dix minutes, ce que j'appréciais.

Je découvrais peu à peu les quartiers emblématiques : la Petite France, la majestueuse cathédrale Notre-Dame de Strasbourg érigée au centre-ville, et les places animées où résonnaient les conversations des étudiants polyglottes. Strasbourg était cosmopolite, vibrante, et je commençais à m'y sentir chez moi.

Les premiers jours n'étaient pas faciles pour les étudiants. La solitude se faisait parfois sentir, mais je m'accrochais. Je me plongeais dans mes cours, rencontrais d'autres étudiants étrangers et tentais de m'adapter à mon nouvel environnement. Un soir, alors que je finissais un petit shopping sur la place de l'Homme de Fer, je faisais une promenade le long des quais de l'Ill. Les lumières de la ville se reflétaient sur l'eau, créant une ambiance féerique.

Arriver avec un mois de retard à la faculté était un défi de taille. Chaque matin, je m'engloutissais dans l'amphithéâtre bondé, cherchant une place discrète parmi les étudiants déjà installés. Les cours avaient débuté depuis plusieurs semaines, et je me retrouvais à lutter pour rattraper le temps perdu.

Je pensais naïvement que m'intégrer socialement serait plus facile si je me rapprochais des étudiants noirs de mon amphithéâtre. Mais dès mes premières tentatives, j'avais vite compris que les choses ne seraient pas aussi simples. Un matin, après un cours de droit constitutionnel, je m'étais approchée d'un groupe d'étudiants, espérant obtenir des notes ou, à défaut, quelques conseils. Leur regard distant, presque glacial, m'avait immédiatement fait comprendre que je n'étais pas la bienvenue. L'un d'eux, un garçon aux lunettes fines, avait haussé un sourcil et m'avait lâché, d'un ton sec :

— On ne se connaît pas, non ?

J'avais balbutié une réponse hésitante, mais le malaise s'était installé. Il n'avait pas eu besoin d'en dire plus : nous ne faisions pas « partie du même monde ». C'est ce jour-là que j'ai entendu pour la première fois le mot «

afropéen[11] ». Ce terme étrange désignait ces jeunes issus de l'immigration africaine, nés et ayant grandi en France. À mes yeux, nous partagions tant de racines communes, et pourtant, eux ne me percevaient pas ainsi. J'étais une étrangère, une « blédarde[12] ».

C'était un choc, cette réalisation : ceux avec qui je pensais partager le plus de points communs étaient en réalité ceux avec qui j'avais le plus de mal à m'intégrer. Moi qui croyais que le concept de solidarité noire, vu dans les films américains, était une réalité partagée en Europe, et particulièrement en France, je me retrouvais à la périphérie d'un monde qui me rejetait silencieusement.

C'est à ce moment-là que j'ai compris que la véritable lutte entre les Hommes n'était pas

---

[11] Désigne le fait d'être une personne noire née ou élevée en Europe

[12] Terme péjoratif désignant un Immigrée qui a conservé ses coutumes et sa culture dans son pays d'adoption notamment l'accent.

une question de race, mais de classe. En tant qu'Africaine, avec mon accent marqué, j'étais sans doute perçue comme une personne de classe inférieure à leurs yeux.

Puis Julie est apparue.

Julie était aux antipodes de ce que je pensais trouver comme alliée. Elle était blonde, française, d'origine kosovare. Dès notre première rencontre, elle m'avait accueillie avec un sourire chaleureux. Contrairement aux autres, elle ne me jugeait pas, elle ne me scrutait pas avec suspicion, et ne se moquait pas de mon accent. C'est elle qui m'a tendu la main quand j'avais du mal à obtenir les cours, qui m'a proposée des résumés, qui m'a aidée à comprendre les références que je ne saisissais pas toujours. Grâce à elle, je ne me sentais plus complètement perdue.

Et c'est autour d'Emmanuella que tout s'est construit. Elle venait du Burkina Faso. Son arrivée a été une bouffée d'air frais, un pont entre mon monde et celui de Julie. À nous trois, nous formions un trio éclectique, mais harmonieux. Animées par la même ambition, nous nous soutenions sans compter, partageant nos peurs et nos espoirs.

Malgré cette stabilité retrouvée, un problème persiste : mes difficultés de concentration. Je les attribuais d'abord à la fatigue liée au stress du voyage. Mais il y avait quelque chose d'autre. Lire devenait un effort insurmontable. Je pouvais relire une phrase plusieurs fois sans en saisir le sens. Les lettres semblaient se mouvoir sous mes yeux, se mélanger, se perdre, et les mots eux-mêmes devenaient des entités abstraites, insaisissables.

Un jour, ma sœur aînée m'a suggéré d'aller consulter un orthophoniste. J'ai longtemps hésité avant de prendre rendez-vous. Est-ce vraiment nécessaire ? Après tout, j'avais toujours rencontré des difficultés avec l'orthographe et la lecture, mais cela ne m'avait jamais empêchée d'avancer jusqu'ici. Pourtant, quelque chose au fond de moi savait que ce n'était pas normal.

Le jour du rendez-vous, je suis entrée dans le cabinet avec une certaine appréhension. Une femme d'une cinquantaine d'années, aux cheveux courts et aux lunettes cerclées d'argent, m'a accueillie avec un sourire poli. Je lui ai expliqué ma situation, mes difficultés, cette impression constante de lutter contre les mots. Elle m'a écoutée, bras croisés, puis, à peine avais-je terminé, qu'elle m'a répondu, d'un ton condescendant :

— Mais c'est culturel ! Vous n'avez rien. C'est à cause de vos origines que vous avez du mal à lire en français.

Je suis restée figée. Comment lui expliquer qu'au Gabon, le français était ma langue maternelle ? Que j'avais grandi en l'étudiant, en l'écrivant, en le parlant ? Que mes fautes, mes confusions allaient bien au-delà d'un simple problème d'adaptation culturelle ?

Je suis sortie de son bureau, perplexe et amère. Il m'a fallu du temps avant de retenter l'expérience. Ce n'est que près d'un an plus tard, après un échec cuisant en faculté de droit, que je me suis résolue à consulter un autre spécialiste. Ce second rendez-vous a tout changé.

Six mois plus tard, le diagnostic est tombé : ma chair souffrait de dyslexie[13].

La nouvelle m'a bouleversée. Pendant des années, j'avais lutté contre quelque chose que je ne comprenais pas, sans même savoir de quoi il s'agissait. J'avais toujours attribué mon

---

[13] Troubles du langage écrit correspondent à des difficultés d'apprentissage de la lecture (dyslexie) et de l'expression écrite (dysorthographie).

manque de concentration à mon bavardage en classe. Je repensais aux dictées et aux dissertations que je réussissais, ne comprenant pas ce qui clochait. Pourquoi ce trouble ne se manifestait-il que dans le cadre des études supérieures ?

Je me suis même demandée, dans un moment de doute profond, si faire mes études supérieures en France avait réellement été une bonne idée

Ces doutes avaient un impact sur les relations que j'entretenais avec mon entourage resté au Gabon. Le froid, le stress, le sentiment de ne rien réussir et de devoir faire plus d'efforts que les autres me plongèrent dans une bulle, rendant les interactions avec ceux restés au Gabon lassantes et fatigantes. Ce fossé émotionnel m'éloigna progressivement des personnes que j'aimais, dont une en particulier à qui j'avais promis de ne pas l'oublier.

Chapitre 2
Le poids des choix

Malgré ma passion pour le droit, mes résultats ne m'encourageaient pas à poursuivre mon rêve. Étudiante étrangère, après trois années d'échec, je devais trouver rapidement une formation qui me passionne et qui me permette de renouveler mon titre de séjour. Immédiatement, l'idée du notariat m'est venue à l'esprit. C'était toujours du droit privé, une des matières dans lesquelles je m'en sortais plutôt bien à la faculté. Cela semblait être un choix raisonnable. Mais, en approfondissant mes recherches, la branche de l'immobilier a commencé à m'attirer de plus en plus, comme une promesse nouvelle, une voie plus concrète, plus adaptée à mon À la suite de mes échecs en faculté de droit, j'avais perdu ma bourse d'étude. Je manquais donc d'argent pour subvenir à mes charges et, pour y remédier, je suis devenue caissière "au noir[14]". Ce qui me troublait le plus n'était pas tant de travailler sans contrat, mais de me heurter sans cesse à des portes closes, jugée inapte faute d'expérience. À défaut d'autre choix, j'avais fini par accepter un poste où je n'étais ni respecter, ni valoriser dans une épicerie exotique de la place.

Le gérant, un homme d'un certain âge, m'avait dit, lors de mon dépôt de CV[15] :

— *"Je peux te faire travailler, mais je ne veux pas payer les taxes liées au processus de recrutement."*

---

[14] Terme employé pour définir le fait de ne pas déclarer tout ou partie de son travail ou de son activité.
[15] Curriculum vitae

Je travaillais du mercredi au dimanche, de 8h à 22h, à raison de 2,5 € net par heure contre 7,02 € de smic horaire en 2016. Lors de contrôles de la police municipale, je disais être l'amie de la fille du propriétaire. Il m'est arrivé de me faire contrôler, et je devais montrer mon titre de séjour pour prouver ma régularité sur le territoire français.

Puis, un jour, au détour d'une journée ordinaire de travail, j'ai rencontré quelqu'un. Il me faisait rire, et sa personnalité chaleureuse m'a tout de suite touchée. Un lien s'est créer instantanément, et, sans vraiment réfléchir, nous nous sommes rapidement mis ensemble.

Je poursuivais mon travail, épuisée mais résiliente. La fatigue me rongeait, pourtant je tenais bon. Chaque soir, je m'endormais avec l'espoir tenace d'un avenir meilleur.

Nous étions à la fin de l'année 2016. Sans trop hésiter, j'ai pris la décision de me lancer dans une formation spécialisée. L'école que je visais jouissait d'une excellente réputation, mais les frais de scolarité trop élevés pour moi restait un frein. En effet,8 000 euros pour deux ans, une somme dont je ne disposais pas.

Mes parents, ignoraient que j'avais perdu ma bourse d'étude. Je ne pouvais pas leur demander de financer cette formation. J'ai donc contracté une dette de 4 000 euros avec une amie et 4 000 euros supplémentaires à la banque, par le billet de celui qui partageait ma vie à ce moment-là.

Endettée, je jonglais entre mes études et des petits boulots pour survivre.

En cours, je devais faire mes preuves dans un milieu compétitif où chacun luttait pour sa place. Les dettes s'accumulaient, les heures de sommeil se faisaient rares. Je m'accrochais, je persistais. Mon optimisme s'attachait fermement au fait que tout ceci avait un sens.

Un matin, prise d'un malaise inhabituel, j'ai décidé d'acheter un test de grossesse. Le verdict fut sans appel : positif. Ma vie prenait une autre tourne. Pourtant, aussi étrange que cela puisse paraître, cette grossesse était voulue, presque provoquée. Nous en avions envie, malgré notre jeune âge — j'avais à peine 24 ans.

Devenir mère avait toujours été un rêve pour moi. Depuis l'enfance, j'avais imaginé ce moment comme une évidence, une étape naturelle de la vie, un accomplissement. Mais aujourd'hui, la réalité me frappait de plein fouet. Bien que ce ne fût en aucun cas une mauvaise nouvelle, cette grossesse chamboulait tous mes projets, notamment mon ambition de décrocher un BTS[16] en immobilier.

Je savais que la maternité ne se réduisait pas à l'image idéalisée que j'en avais eue. Elle réveillait en moi des blessures profondes, des plaies anciennes que je croyais refermées. J'avais grandi avec ce sentiment de rejet, comme si je n'avais jamais été véritablement désirée par mes parents. Je n'avais jamais eu cette certitude d'avoir été choisie, attendue avec amour. Alors, en portant cet enfant, je ressentais une forme de revanche sur le passé. Une façon de prouver que je pouvais faire mieux. Que je pouvais offrir à mon enfant l'amour inconditionnel que je n'avais pas reçu.

Évidemment, il y avait un fossé entre mes idéaux et la réalité. Cette fois, ce n'était pas un rêve. L'enfant serait bien là. Et pourtant, le doute m'envahissait. Avais-je pris cette

---

[16] Brevet de technicien supérieur diplôme de type Bac+2

décision pour les bonnes raisons ? Pour moi, pour nous, ou simplement pour apaiser une douleur silencieuse qui me rongeait depuis toujours ? Mon cœur oscillait entre l'excitation et la peur. Je ressentais un amour profond pour ce bébé à venir, mais en même temps, une angoisse viscérale m'étreignait. Serais-je capable de lui offrir la stabilité et l'amour que je n'avais pas eus ?

Heureusement, mon ex-copain avait un CDI[17]. Il était présent, il ne doutait pas. Son soutien était rassurant, mais il ne suffisait pas à faire taire les tempêtes intérieures qui m'agitaient. Il me répétait que nous avions le temps, que nous allions y arriver, qu'ensemble, nous pouvions tout affronter. Mais je ne voulais pas simplement « y arriver ». Je voulais exceller. Je voulais que mon enfant grandisse avec l'assurance d'être aimé, choyé, attendu. Qu'il

---

[17] Contrat à durée indéterminée

ne ressente jamais cette impression d'être un poids, un accident à peine toléré.

Les mois passaient. Mon ventre s'arrondissait et, avec lui, ma détermination grandissait. Mais l'angoisse, elle, persistait. Allais-je vraiment être à la hauteur ? Serais-je capable de briser ce cycle de manque et de blessures que je traînais depuis l'enfance ? Certaines nuits, je me réveillais en sursaut, le souffle court, hantée par mes doutes. Et si, malgré toute ma volonté, je reproduisais les mêmes erreurs que mes parents ?

Une chose était certaine : cette grossesse n'était pas une entrave, elle était une force. Elle marquait le début d'un nouveau chapitre, d'une nouvelle vie — pas seulement pour mon enfant, mais aussi pour moi. Je n'avais jamais été aussi vulnérable, mais paradoxalement, jamais aussi déterminée. Car aujourd'hui, je ne vivais plus uniquement pour moi. Je portais un être en devenir, une promesse, une renaissance. Cette fois, je refusais d'être spectatrice. Je voulais aimer, protéger, donner tout ce que je n'avais pas reçu. Parce que cet enfant, lui, saurait qu'il avait été voulu, plus que tout.

Malgré tout, je décidais de poursuivre mes études. Avec un ventre qui s'arrondissait et une angoisse qui grandissait, je me forçais à assister aux cours, à réviser, à préparer mon avenir. Les regards de mes camarades changeaient, certains compatissants, d'autres moqueurs ou incrédules. « *Comment compte-t-elle réussir avec un bébé ?* » murmuraient-ils dans mon dos. Mais je serrais les dents.

Mon fils vint au monde le 25 août 2018, dans un tourbillon de douleur et d'un amour indescriptible. Dès cet instant, il devint ma force, alors même que mon corps se suffoquait sous l'effet de la fatigue. Pourtant, au cœur de ce chaos, une lueur apparut : un cri, son cri. Lorsqu'on le déposa sur ma poitrine, un frisson me traversa. Son petit corps chaud reposait contre le mien, et son souffle hésitant effleurait ma peau, comme s'il tentait déjà de me reconnaître. Je baissai les yeux, et dans ce regard encore incertain, tout devint limpide. Plus rien ne compterait jamais autant. Plus rien n'aurait jamais la même signification.

Peu à peu, l'épuisement s'effaça, laissant place à un amour pur et intense. Il était là, mon fils. Et à cet instant précis, quelque chose s'ancra en moi, une force nouvelle, une certitude absolue : je serais toujours là pour lui. Car à la seconde où il poussa son premier cri, il devint mon moteur, ma raison d'avancer, mon plus grand combat.

Mais alors que l'émotion me submergeait, une sensation étrange m'envahit. Un essoufflement soudain, suivie d'un saignement bien plus intense que tout ce que j'aurais pu imaginer, bien plus inquiétant que tout ce que j'avais pu concevoir. L'hémorragie survint sans prévenir, brutale.

Une seule pensée me traversa l'esprit : si je ne sortais pas vivante de cette salle d'accouchement, mon fils serait laissé derrière, seul. Dans un souffle, presque malgré moi, je murmurai une prière : « Seigneur, si mon heure est venue, veille sur mon enfant. »

Autour de moi, les médecins échangèrent des regards, se demandant si c'était à eux que je m'adressais. Leur calme contrastait avec l'angoisse qui me saisissait. J'observai leurs gestes précis, leurs visages concentrés, et entendis leurs voix échanger des ordres avec une maîtrise parfaite. La situation était critique, mais ils savaient ce qu'ils faisaient. Chaque mouvement, chaque intervention était calculée, exécuté avec un sang-froid impressionnant.

La pression sur mon corps était intense, un mélange étrange de douleur et de soulagement à chaque geste précis des soignants. En quelques instants, ils parvinrent à endiguer ce flot incontrôlable. L'épuisement m'envahit, mais une évidence s'imposa : j'avais été entre de bonnes mains. Un souffle profond traversa ma poitrine, et avec lui, une certitude réconfortante : j'étais sauvée. Mon fils aussi.

Soudain, la douleur physique s'estompa, reléguée au second plan face à l'immensité de l'amour que je ressentais pour lui.

Les mois défilèrent, marqués par des transformations subtiles, des doutes, des espoirs. Puis arriva ce jour singulier, cet instant précis où tout bascula, une révélation douce et bouleversante.

Nous étions en février 2019, en plein cœur d'un hiver où le froid mordant enveloppait encore les rues de Strasbourg d'un manteau blanc. Pourtant, une chaleur bien différente s'apprêtait à m'envelopper, une chaleur humaine, sincère, dont je ne soupçonnais pas encore l'intensité.

L'invitation venait d'Andréa, une étudiante gabonaise devenu aujourd'hui ma sœur dans le Seigneur, que j'avais rencontrée l'année précédente, dans le cadre de mes engagements à la tête du Cercle des Gabonais de Strasbourg (CGS). Mais ce qu'elle m'offrait n'était pas un simple événement, une sortie ordinaire. Non, c'était bien plus que cela. C'était un rendez-vous marqué par une signification profonde, un appel du cœur qui, sans que je ne le sache encore, allait bouleverser mon existence. Ce soir-là, l'église accueillait un talk-show animé par un homme de Dieu, autour d'un sujet universel et fondamental : le choix du conjoint.

Dès que je franchis les portes du lieu, une vague de sérénité m'envahit. C'était une paix indescriptible, une sensation de plénitude absolue que je n'avais jamais éprouvée auparavant. L'atmosphère semblait chargée d'une présence douce et bienveillante, presque palpable, comme une lumière invisible qui éclairait chaque visage autour de moi. Il régnait ici une harmonie saisissante, une unité si forte qu'elle semblait faire vibrer chaque âme à l'unisson.

L'amour, sous toutes ses formes, imprégnait l'air. Il brillait dans les regards sincères, se ressentait dans la chaleur des poignées de mains, s'exprimait à travers les sourires accueillants de ceux qui, sans même me connaître, me considéraient déjà comme un membre de leur grande famille. Loin du tumulte du monde extérieur, loin des peurs et des incertitudes, je ressentais, pour la première fois, ce sentiment d'appartenance. Comme si j'avais toujours eu ma place ici, sans en avoir conscience.

Puis, le pasteur de l'assemblé est monté à la chair[18]. Sa voix, à la fois douce et puissante, résonnait en moi d'une manière troublante. Il parlait du choix du conjoint, certes, mais il allait bien au-delà du simple cadre du couple. Il évoquait un amour pur, sincère, ancré en Dieu, un amour qui s'étendait à tous ceux qui l'embrassaient et le laissaient grandir en eux. Ses mots touchaient chaque cœur présent, réveillant une vérité que l'on oublie trop

---

[18] Estrade au sein de l'église où l'on se tient pour prêcher ou chanter.

souvent : nous sommes faits pour aimer et être aimés, pour vivre dans la paix et l'harmonie.

Ce soir-là, au sein de cette assemblée, je pris conscience d'une nouvelle manière d'exister, d'une vie fondée sur l'amour inconditionnel et la fraternité authentique. L'intensité de l'instant effaçait peu à peu mes doutes et mes anciennes inquiétudes. Je n'étais plus une simple spectatrice de mon existence, mais l'actrice d'un renouveau profond. Pour la première fois depuis bien longtemps, je ne ressentais plus cette solitude intérieure. Je n'étais plus en quête d'un lieu où appartenir. Je faisais partie de quelque chose de plus grand que moi.

Je pris alors conscience que la paix et l'amour que je poursuivais avec tant d'ardeur depuis mes 24 ans n'étaient pas des idéaux insaisissables, mais des réalités bien concrètes, à portée de cœur. Ce jour-là marquait un tournant. Mon regard sur la vie, sur les autres, sur moi-même, en était bouleversé.

Lorsque je suis arrivée en France, ma foi en un Dieu puissant existait déjà, mais ce jour-là, pour la première fois, je fis plus que croire : je ressentis Sa présence. Chaque regard bienveillant, chaque parole de bénédiction prononcée par ceux qu'Andréa me présenta agissait comme un baume sur mes blessures invisibles. J'avais été meurtrie sans même en mesurer l'ampleur, et pourtant, en l'espace de quelques heures, je ressentis que l'on prenait soin de moi, que l'on pansait enfin mes plaies les plus profondes.

En rentrant chez moi, une évidence s'imposa : il me fallait y retourner. Je devais comprendre davantage, apprendre encore sur ce Dieu d'amour dont on n'avait cessé de me parler tout au long de cette soirée. Avec le recul, je réalise que le Seigneur Jésus-Christ a su toucher mon cœur avec une finesse infinie. Il ne m'a pas conquise lors d'un culte solennel, comme dans les témoignages que j'avais pu entendre, mais à travers un simple atelier sur le choix du conjoint.

À cet instant, je l'ignorais encore, mais c'était Lui, mon véritable partenaire. Et cette alliance que je venais de sceller avec Lui, rien ne pourrait jamais la briser.

Les jours s'enchaînaient, rythmés par cette nouvelle qui éclairait désormais mon chemin. Le dimanche suivant ce mercredi marquant, mon ex-compagnon et moi, accompagnés de notre fils, franchissions ensemble les portes du culte de célébration. Ce jour-là, portés par une conviction profonde et une foi naissante, nous faisions un choix décisif : celui de remettre nos vies entre les mains de Christ en prononçant la prière du salut. Un instant solennel, empreint de sincérité, qui marquait pour moi un avant et un après.

Cependant, au fil de mon parcours spirituel, une réalité troublante s'imposait. Vivre dans l'impudicité me pesait de plus en plus. La parole de Dieu résonnait en moi avec une intensité nouvelle, éveillant une conscience aigüe de ma situation. Chaque verset, chaque message entendu lors des prédications attisait un feu intérieur, une évidence que je ne pouvais plus ignorer : il me fallait aligner ma vie avec les principes divins. Un appel puissant se faisait entendre, me poussant à grandir, à me transformer, à panser mes blessures profondes et à plonger au cœur des mystères du royaume des cieux.

Malgré les questions qui m'assaillaient, une joie profonde et indéfinissable m'envahissait, conquise par la grâce et l'amour divins. Je me laissais emporter par le zèle du nouveau converti, cette sensation exaltante d'être invincible, soutenue par cette promesse puissante : « *Je puis tout par celui qui me fortifie* » **Philippiens 4v13**. Tout semblait désormais possible, aucune montagne ne paraissant trop grande, aucun obstacle insurmontable.

Chaque jour, je me levais avec une volonté renouvelée. La prière était devenue mon pilier, mon refuge, et ma force. Je me plongeais dans les Écritures, avide de découvrir leur sens caché, de m'imprégner de leurs enseignements pour les appliquer au quotidien. Les rassemblements à l'église prenaient une dimension nouvelle, devenant des moments privilégiés, des occasions d'approfondir ma foi, de grandir et de partager avec d'autres âmes animées par cette même soif de vérité.

Cependant, le dilemme qui pesait sur mon couple restait inchangé. Loin de se dissiper, il devenait de plus en plus pressant. Comment concilier cette passion naissante pour Dieu avec une relation qui ne correspondait pas aux principes que je découvrais chaque jour ? Mon ex-compagnon partageait cette même conversion, mais nous nous retrouvions face à des choix complexes, des décisions qui exigeaient à la fois courage, clarté et une profonde réflexion.

Dans mon parcours avec Christ, je commençais à réaliser que la foi n'était pas une destination, mais un voyage, une transformation en constante évolution. La patience, la prière et l'authenticité étaient devenus mes compagnons de route. Je cherchais Dieu avec une intensité nouvelle, abandonnée à Sa volonté, convaincue qu'Il me guiderait et me conduirait vers la vérité. Ma nouvelle vie commençait tout juste, remplie de défis, mais aussi d'une paix et d'une certitude profondes que je n'avais jamais ressenties auparavant.

Heureuse et confiante en l'avenir, je me préparais avec enthousiasme à mon baptême par immersion, prévu pour mai 2019. Ce moment représenterait l'aboutissement de mon engagement total envers Christ. En parallèle, je me consacrais entièrement à la préparation de mon BTS, un objectif qui semblait enfin à ma portée. Tout commençait à avoir du sens, ma vie s'alignait avec la volonté divine, et rien ne semblait pouvoir m'arrêter.

Puis, un soir, à 20 heures précises, tout bascula. Je tressais les cheveux d'une amie, absorbée par cette tâche simple, quand mon téléphone vibra. Je décrochai, et une sensation étrange, inexplicable, m'envahit, comme si une part de mon âme savait déjà que quelque chose venait de changer. La voix au bout du fil tremblait. On m'annonça que ma sœur aînée, celle que nous appelions affectueusement "Ya[19] Ca" comme diminutif de Carmela, venait de mourir. Le choc fut instantané. Quelques jours plus tôt, elle m'avait appelée depuis l'hôpital, me rassurant : « Tout va bien, ne t'inquiète pas. » Ces mots, encore vivants dans mon esprit, me paraissaient irréels maintenant que la nouvelle m'atteignait.

Une douleur intense, presque physique, m'envahit, déchirant mon cœur en mille éclats. Un cri silencieux s'échappa de mes lèvres tandis que mon âme se brisait sous le poids de la perte. « My God, qu'est-ce que Tu viens de me faire ? ».

Cette question surgit instinctivement, un tourbillon d'incompréhension et de désespoir. Comment cela avait-il pu arriver ? Comment accepter que celle qui avait toujours été là pour

---

[19] Ya ou Yaya est un sobriquet accolé au prénom d'un ainé en signe de respect et d'affection dans certaine culture gabonaise et africaine.

moi, qui m'avait soutenue, ne le soit plus jamais ?

Les larmes coulèrent librement, un mélange de tristesse et de douleur. Le monde autour de moi semblait s'effondrer, emportant tout sur son passage. Pourtant, au fond de mon cœur, une voix douce et rassurante murmura : « *N'aie pas peur, Je suis avec toi.* » **Esaïe 41v10** Dans cet instant de souffrance, ma foi vacillait, mais je savais qu'un seul être pouvait me relever : Dieu. Cette nuit-là, je tombai à genoux, le cœur lourd, pleurant, priant, suppliant de comprendre. La douleur était immense, mais au milieu des ténèbres, je choisis de m'accrocher à la seule lumière capable de me guider : celle de mon Père céleste.

Juillet 2019. Alors que je passais mes vacances en Espagne, une nouvelle incroyable vint sublimer mon séjour : je venais de valider mon Brevet de Technicien Supérieur ! Un bonheur pur m'envahit, et je ne pus m'empêcher de sauter de joie, remerciant sans cesse l'Éternel pour Sa fidélité et Son amour. Ce succès, je le savais, n'était pas seulement le fruit de mon travail, mais aussi de la grâce divine qui m'accompagnait à chaque instant.

Août 2019. Mon fils célébrait son tout premier anniversaire. Nous préparions une belle célébration, entourés de nos proches, et le voir se laisser envahir par l'amour et l'attention me remplissait de gratitude. Ce moment précieux renforçait ma détermination à lui offrir une vie emplie de paix et de bénédictions, loin des tourments du monde.

Septembre 2019. Pleine d'une volonté de poursuivre mes études, je me lançai dans la recherche d'une alternance pour intégrer une licence professionnelle en droit immobilier au CNAM[20] de Strasbourg. Mais, malgré tous mes efforts, les portes restèrent fermées, et je me retrouvai face à l'incertitude.

Octobre 2019. Devant les difficultés rencontrées, je pris la décision de chercher un contrat à durée déterminée dans des agences immobilières. Mais les opportunités semblaient m'échapper, aucune ne se présentait. Plutôt que de me laisser abattre, je choisis une nouvelle direction : l'entrepreneuriat. Je me lançai comme agent commercial dans une agence immobilière, pleine d'espoir. Cependant, un obstacle imprévu se dressa devant moi : ma demande d'auto-entrepreneuriat fut rejetée, mon titre de

---

[20] Centre National des Arts et des Métiers

séjour étudiant ne me permettant pas de travailler en tant qu'indépendante.

La recherche d'un travail sans issue, les factures qui s'empilaient et les tensions croissantes entre nous transformaient notre quotidien en un champ de bataille silencieux, une guerre froide qui semblait s'intensifier chaque jour. Nous étions jeunes, immatures, et bien trop souvent aveugles aux conséquences de nos actes, incapables de prendre des décisions réfléchies. Chaque échange devenait un terrain miné, chaque regard empli de rancune et de fatigue.

Au début, je fermais les yeux sur la réalité. Je me disais que ces changements étaient dus aux circonstances, aux responsabilités qui nous écrasaient, à l'incertitude de l'avenir. Mais peu à peu, il devenait plus distant, plus glacé. Les gestes affectueux disparaissaient, les paroles tendres s'éteignaient. Je cherchais des explications, je m'efforçais de me convaincre que ce n'était qu'une mauvaise période. Ce n'est que bien plus tard que je découvris que, dans l'ombre, une troisième personne s'était immiscée dans notre relation, comblant les silences et remplissant ce vide que je n'arrivais plus à combler. L'argent manquait, les tensions se creusaient, et nos disputes devenaient inévitables. Lui aussi, rongé par la pression, finissait par s'éloigner peu à peu.

En décembre, après des semaines entières de tensions et de disputes incessantes, toujours suivies de silences pesants, il m'annonça qu'il voulait me quitter. Sur le moment, je n'y crus pas. Comment pourrait-il vouloir cela ? Nous avions un enfant ensemble. Je lui avais confié, un jour, que je n'avais pas eu la chance de connaître mon père et que je ne souhaitais pas

infliger cette souffrance à mes propres enfants.
Il savait ce que cela représentait pour moi, il
savait qu'une séparation me détruirait, alors
cela ne pouvait pas être sérieux, non ?

Au début de notre relation, notre différence
d'origine avait été un frein à notre entente.
Tous deux, nous étions marqués par la
méfiance envers les stéréotypes et les divisions
liées à nos pays respectifs. Mais à ce moment-
là, bien que convertie et nouvellement nés en
Christ, mon âme ressassait sans cesse ces
informations et ces préjugés que j'avais
entendus à propos de ses origines. Dans ma
tête, tout devenait plus clair : "Il n'y a pas de
fumée sans feu", pensais-je. J'avais entendu ces
remarques, ces jugements, sur « *ces gens-là* », et
je commençais à y croire. Il me semblait être là,
dissimulé comme un serpent, attendant
simplement le bon moment pour m'attaquer.
Mon cœur était envahi par l'amertume, non

seulement envers lui, mais envers toute une culture, une origine, un pays.

Le réveillon arriva. Nous passâmes la soirée chacun de notre côté. Moi, en larmes, à la nuit de la traversée[21] seule l'église, lui, je ne savais où, à festoyer. Son regard était devenu glacé, presque détaché, comme si la décision avait été prise bien avant ce soir-là, comme si tout ce qui comptait n'était plus mon ressenti. Le sol se déroba sous mes pieds. Je suppliai, je me raccrochai désespérément à lui, non par amour — peut-être que cet amour était déjà mort depuis bien longtemps — mais par une peur viscérale. La peur du vide, de l'abandon, de cette solitude avec notre enfant dans un monde que je commençais à voir de plus en plus menaçant et hostile.

---

[21] Célébration chrétienne du réveillon du Nouvel An, où les croyants célèbrent, louent et adorent le Seigneur pour l'année écoulée, tout en Lui soumettant leurs vœux pour l'année à venir.

À genoux, les larmes brouillant ma vision, je lui demandai de penser à notre enfant. Pas à moi, ni à nous, mais à ce petit être innocent qui n'avait rien demandé, qui ne méritait pas de porter le poids de nos erreurs et de notre égoïsme. Il hésita, une longue pause suspendue entre nous. Finalement, il me promit de réfléchir, puis me fixa un ultimatum : d'ici le 16 janvier, il aurait pris sa décision. Je m'accrochai à cet espoir, mince et fragile. Peut-être reviendrait-il sur sa décision. Peut-être se souviendrait-il de ce que nous avions bâti ensemble, de tout ce que nous avions traversé. Peut-être...

Les jours qui suivirent se transformèrent en une épreuve de chaque instant. Chaque matin, je me réveillais avec une angoisse sourde, comme un poids lourd dans le ventre. Chaque nuit, je m'endormais en me demandant si demain serait le jour où il me dirait que tout est fini. J'essayais de tout faire pour être celle qu'il attendait, calme, parfaite, patiente. Mais rien n'évoluait. Lui continuait à vivre à mes côtés, tout en distance, presque absent. Parfois, je surprenais son regard, vide, perdu, comme s'il n'était plus là depuis bien longtemps.

Le 16 janvier tarda à se profiler. Quand il arriva enfin, je passai la journée à attendre sa décision, l'estomac noué, le cœur battant sans cesse plus fort. En fin d'après-midi, vers 17h, il rentra de son travail. Son visage était fermé, intransigeant. Sans préambule, il prononça ces mots qui résonnèrent en moi comme un couperet : « Fais tes affaires et quitte la maison. Je ne peux plus. Débrouille-toi. Je dois aussi penser à moi ».

Il n'y avait ni colère, ni regret, ni même une once de pitié dans sa voix. Juste une lassitude glaciale, une volonté nette de mettre fin à tout cela. Mon fils dans les bras, les larmes dévalant mes joues sans que je puisse les retenir, je m'activai à ramasser, à la hâte, quelques affaires dans des sacs en plastique de supermarché. Des vêtements pour lui, quelques bricoles pour moi, sans même prendre la peine de réfléchir à ce que je prenais. Je n'avais plus la force de lutter, plus la force de protester. Il avait pris sa décision, et moi, je devais partir.

Il me demanda où il devait me déposer après deux coups de téléphone à deux de mes amies, toutes les deux s'accordèrent sur la même décision, il devait me déposer chez Steffy, celle dont j'avais un double des clés. Il était 21h. Il ne me jeta même pas un regard lorsque je descendis de la voiture, et me laissa là, devant l'immeuble. Aucun mot, aucun geste. Il redémarra sans un regard en arrière, me laissant seule, avec mon enfant endormi dans les bras et le cœur en ruines.

J'avais prié le Seigneur de me sortir de l'impudicité en pensant mariage, mais le Seigneur, Lui, avait décidé de me sortir de l'impudicité tout court.

Chapitre 3
L'ombre de la solitude

Le 16 janvier 2020, je me retrouvai sans toit, un enfant dans les bras. Steffy m'ouvrit sa porte, un petit studio de 15 mètres carrés. Le désespoir m'envahit. Je plongeai dans une profonde dépression, incapable d'imaginer comment nous pourrions nous en sortir. L'avenir semblait incertain, la précarité s'imposait, et chaque jour devenait une lutte.

Pendant ce temps, les nouvelles parlaient d'un virus qui se propageait en Chine, à Wuhan. Beaucoup en France n'y prêtait pas attention. Après tout, cela semblait si loin, comme une histoire d'un autre continent. Mais les chiffres augmentaient, tout comme l'inquiétude.

Les semaines passèrent, et en février, les premiers cas apparurent en France. L'atmosphère commença à changer. Les rues se vidaient peu à peu, la méfiance s'installa. On murmura qu'un foyer de contamination s'était déclaré au sein d'une assemblée religieuse. La foule gronda, pointant du doigt les protestants, accusés d'avoir semé le virus à travers leurs rassemblements. La peur s'insinuait dans les regards, la méfiance se propageait aussi vite que la maladie. Sur la toile, les théories du complot fleurissaient, nourrissant l'angoisse collective. Certains se masquaient déjà, d'autres les scrutaient avec défiance. Une tension sourde flottait dans l'air, invisible mais omniprésente.

Puis, en mars, tout bascula. Le président annonça que nous étions en guerre. Le mot résonna violemment. Une guerre contre un ennemi invisible, impalpable, insaisissable. Le 17 mars 2020, la France fut confinée. Plus de sorties sans attestation, plus de rencontres, plus d'écoles ouvertes. Le monde entier semblait s'être figé.

Dans notre petit studio, l'espace déjà restreint devint une prison. Mon enfant tournait en rond, l'absence de jardin ou de balcon était une souffrance. Comment expliquer à un enfant qu'il ne pouvait plus courir dehors, qu'il ne pouvait plus voir ses cousins ?

Les journées s'étiraient interminablement. Les files d'attente devant les supermarchés s'allongeaient, les rayons de pâtes et de papier toilette se vidaient. La peur s'infiltrait dans chaque interaction. Les gestes devenaient mécaniques : désinfection, distance, masque. Chaque sortie était une expédition angoissante.

Le manque d'espace, la promiscuité, l'isolement social aggravèrent ma détresse. La dépression me devenait de plus en plus présente, je souriais mais en réalité une partie de moi n'y étais plus.

Le printemps arriva et fit germer en moi l'angoisse du lendemain. Je reçu un courrier de la mairie qui m'offrait des tickets restaurants. L'aide alimentaire devint une nécessité, une humiliation aussi. Je n'aurais jamais pensé devoir dépendre un jour du système social.

Mai apporta un souffle d'espoir : le déconfinement fut annoncé. Mais la réalité était loin d'être simple. Les restrictions restaient nombreuses, la peur était toujours là. Je tentais de retrouver un semblant de normalité, mais l'impact psychologique était profond. L'incertitude planait encore.

Les mois suivants oscillèrent entre espoir et rechute. La pandémie continuait, les variants apparaissaient, les couvre-feux se succédaient. La vie ne retrouvait pas son cours d'avant. Je me retrouvais moi-même sur courant alternatif. Ce que j'avais vécu m'avait marquée à jamais.

Aujourd'hui, avec du recul, je réalise combien cette période a révélé la fragilité de notre société, mais aussi sa résilience. J'ai appris à survivre, à demander de l'aide, à voir la solidarité là où je ne l'attendais pas. Mais les blessures restent, invisibles, profondes.

Le Covid-19 bouleversa nos existences, ébranla nos certitudes et mit en lumière nos failles les plus profondes. Même si le monde reprenait peu à peu son souffle, pour certains, il laissait une cicatrice indélébile.

Pourtant, au milieu de cette obscurité, je m'accrochais à ma foi. Depuis 2019, je cheminais spirituellement au sein de l'église

Impact Centre Chrétien. Au mois de mai de cette même année, je me fis baptiser.

Lorsque je me réveillais, une seule certitude m'habitait : Dieu marchait à mes côtés, même dans l'épaisseur des ténèbres. Je ressentais Sa présence dans les moindres instants du quotidien, dans le rire de mon enfant, dans un message réconfortant envoyé par un ami. Pourtant, le combat intérieur demeurait. La peur me pesait, l'angoisse me rongeait, et le doute s'accrochait à moi comme une ombre insidieuse.

Je trouvais du réconfort dans les cultes en ligne, notamment sur comment vaincre la peur, des paroles qui me rappelaient que Dieu ne m'abandonnerait jamais.

Les échanges avec d'autres croyants, même virtuels, devenaient une véritable bouée de sauvetage. Je confiais mes luttes à des frères et sœurs de foi, et leurs prières me soutenaient.

La Bible était mon ancre. Je me plongeais dans les psaumes, m'accrochant aux promesses divines. *"Quand je marche dans la vallée de l'ombre de la mort, je ne crains aucun mal, car Tu es avec moi"* **(Psaume 23:4)**. Ces mots résonnaient en moi avec une intensité nouvelle.

Hélas, malgré cette connexion spirituelle, mon cœur restait lourd, submergé par un tourbillon d'émotions contradictoires que je peinais à contenir. La culpabilité, la honte et la peur du lendemain s'entremêlaient, m'assaillant comme une vague déferlante contre laquelle je me sentais impuissante. En un instant, ma vie avait basculé : d'un grand appartement, je m'étais retrouvée hébergée dans un studio.

Je devais, en plus de tout, accepter de laisser mon fils chaque week-end dans la maison où il était né, auprès d'une autre femme qu'il devait appeler "maman". C'était le prix à payer pour ne pas l'éloigner de son géniteur. Moi-même, je n'avais pas grandi avec mon père biologique, et je m'étais toujours promis de ne jamais être la raison qui priverait mon enfant de la présence de son père.

Dans ce chaos, j'avais la grâce d'avoir des amies précieuses, et parmi elles, Raïssa occupait une place unique. Mon amie d'enfance. Nous nous connaissions depuis toujours. Une fois en France, elle avait quitté Orléans pour me rejoindre à Strasbourg. Tant d'années nous séparaient, englouties par la distance et le silence depuis notre classe de cinquième. Elle était partie au Togo, puis en France. Nous avions tenté de préserver notre lien, nous parlant à travers le téléphone de sa mère. Mais peu à peu, les appels s'étaient espacés, jusqu'à disparaître complètement, puis, plus rien ; le vide.

Jusqu'en 2014. Un simple message sur Facebook, et elle était de nouveau là, comme si le temps n'avait jamais eu de prise sur notre amitié. Elle revenait à un moment où j'avais plus que jamais besoin d'un repère.

Quand ma vie s'effondra, elle fut l'une des rares à me soutenir sans faillir. Elle ne se contenta pas de mots réconfortants, elle m'aida à me relever. Alors que je luttais intérieurement contre la dépression, que chaque jour ressemblait à une épreuve insurmontable, elle m'empêcha de sombrer. Dieu l'avait placée sur mon chemin pour m'aider à retrouver une stabilité financière et reconstruire ma vie sur des bases solides. Inlassablement, elle me rappela que j'avais la force d'y parvenir, que je n'étais pas seule. Grâce à elle, je repris pied, trouvant peu à peu le courage de me battre pour moi, pour mon fils, pour cet avenir que je croyais hors de portée.

Raïssa n'était pas seulement une amie. Elle fut un phare dans l'obscurité, une présence qui transforma mon chaos en espoir.

Enfin, il y avait Steffy, la sœur que la vie m'avait donnée. Notre rencontre, aussi inattendue qu'inexplicable, ne laissait en rien présager la profondeur du lien qui nous unirait plus tard. Ensemble, nous avancions dans la foi, veillant l'une sur l'autre avec une loyauté indéfectible. Elle était mon Jonathan[22], et j'étais la sienne. Partager cette épreuve avec elle adoucissait un peu la douleur de cette transition brutale.

Elles étaient toutes les deux la personnification du **proverbes 17:17** dans ma vie. *"L'ami aime en tout temps, Et dans le malheur il se montre un frère"*.

---

[22] Personnage de la Bible, fils du roi Saül, reconnu pour son amitié longue, solide envers le roi David.

"Il n' y a rien de négatif dans le changement, si c'est dans la bonne direction" **affirmait Winston Churchill**[23]

À cet instant, je n'avais pas le recul nécessaire pour comprendre que tout n'était pas perdu. Le paradoxe de la situation me frappa de plein fouet : moi qui avais toujours ouvert ma porte aux autres, offrant refuge et réconfort à ceux dans le besoin, je me retrouvais aujourd'hui dans la position de celle qui devait être accueillie.

Mon ego avait-il été touché ? Aujourd'hui, je répondrais sans hésitation que oui. Ma demeure, autrefois un havre où chacun trouvait une oreille attentive, un repas chaud, un lit, n'était plus qu'un lointain souvenir.

---

[23] Ancien Premier ministre britannique célèbre pour son rôle pendant la Seconde Guerre mondiale

Mon entourage me connaissait comme une jeune femme au caractère bien trempé, forte, une fonceuse qui ne se laisse pas démonter. Pourtant, pour la première fois de ma vie, je n'avais pas envie de faire semblant. Et, paradoxalement, ou plutôt ironiquement, j'avais l'impression que montrer mes faiblesses revenait à donner une arme à ceux qui pourraient l'utiliser contre moi demain.

Mes émotions oscillaient tant que, d'un instant à l'autre, je passais du rire aux larmes. À tel point que je me sentais incomprise, et je m'en voulais de ne pas réussir à lâcher prise.

Désormais, c'était moi qui devais accepter cette main tendue, moi qui devais apprendre à vivre dans un espace qui n'était pas le mien, moi qui devais faire face à cette réalité que je n'aurais jamais imaginée. Je me sentais étrangère à ma propre existence, comme si le monde continuait de tourner sans moi. L'image que j'avais de moi-même se fissurait, laissant place à des questionnements obsédants : où avais-je failli ? Qu'avais-je fait pour mériter cela ? Cette interrogation tournait en boucle dans mon esprit, s'imposant comme une litanie oppressante dont je ne parvenais pas à me défaire. Une existence stable à une réalité incertaine.

Chez Steffy, l'accueil était bienveillant, mais une certaine pesanteur persistait en moi. La sensation d'être une intruse me collait à la peau, et malgré les sourires et les mots rassurants, je n'arrivais pas à ignorer la petite voix dans ma tête qui me murmurait que ma place n'était plus ici, ni ailleurs, d'ailleurs. J'essayais de me convaincre que cette situation n'était que temporaire, qu'il ne s'agissait que d'un passage, mais en réalité, je n'avais aucune certitude et ce doute me terrifiait.

Les nuits étaient les plus difficiles. Dans le silence, mes pensées devenaient plus insistantes, plus cruelles. Je revivais sans cesse les événements qui m'avaient menée là, cherchant désespérément une explication. Était-ce un enchaînement malheureux de circonstances ou y avait-il en moi une faille que je refusais d'admettre ? Je revivais les disputes, les décisions précipitées, les regrets. J'essayais de me raccrocher à ce lien spirituel qui, je le savais, restait intact, mais il me semblait si lointain, comme voilé par le poids de mes émotions.

Les jours passaient et je tentais de me reconstruire, pièce par pièce. Malgré ce sentiment de devenir un parasite, un poids qui ne me quittait jamais, Steffy faisait tout pour me mettre à l'aise, pour m'intégrer, pour me rappeler que j'étais la bienvenue. Mais comment lui expliquer que le problème ne venait pas de son hospitalité, mais bien de moi

? Comment lui dire que je me sentais comme une ombre, un fantôme errant dans un monde qui n'était plus le mien ?

Petit à petit, cependant, j'apprenais à apprivoiser cette nouvelle réalité. Ce n'était pas facile et chaque jour était une lutte contre moi-même, contre cette voix intérieure qui me disait que je n'étais plus rien, que je n'avais plus de place. Mais, quelque part, au fond de moi, une lueur persistait. Un braillement fragile mais tenace, qui refusait de s'éteindre. Peut-être qu'un jour, il deviendrait une flamme.

Les jours s'allongeaient, et mon regard sur la situation commença à évoluer. Ce qui me paraissait insurmontable au départ prenait une nouvelle forme, celle d'une épreuve qui, malgré la douleur, pouvait peut-être me permettre de renaître autrement. J'observais Steffy, sa manière de m'encourager sans jamais être intrusive, sa patience, son sourire. Elle incarnait une force tranquille, une solidité que j'admirais. Je compris alors que cette étape de ma vie n'était pas un châtiment mais une opportunité d'apprendre sur moi-même.

Chaque matin, je me forçais à sortir du lit avec un nouvel objectif, aussi minime soit-il. Prendre une marche, préparer le petit-déjeuner, écrire quelques lignes dans un carnet. Des gestes simples, presque anodins, mais qui, peu à peu, m'aidaient à me reconstruire. Je redécouvrais la valeur des petits instants, des moments partagés sans artifice, de la lumière du soleil sur mon visage.

J'apprenais à m'apprécier de nouveau, à ne plus voir mon passé comme un fardeau mais comme une partie de mon histoire. Une histoire qui n'était pas encore terminée.

Il y eut des rechutes, des moments de doute intense, des larmes versées en cachette. Mais au fond, une certitude germait : je n'étais pas seule. Steffy et d'autres personnes autour de moi, me le prouvaient chaque jour. Je réalisais que l'amour et le soutien ne dépendaient pas toujours de l'endroit où l'on se trouvait mais des liens que l'on cultivait. Peut-être que ce passage douloureux était une renaissance déguisée, une manière pour moi de me réinventer, de me redéfinir. Je n'avais pas toutes les réponses, mais pour la première fois depuis longtemps, j'acceptais cette incertitude sans en avoir peur.

Ainsi, mon cœur, bien que toujours marqué par le poids du passé, commença lentement à s'ouvrir de nouveau à l'avenir. Un désir profond naquit en moi, celui de me libérer des erreurs que j'avais accumulées. Une voix intérieure, douce mais insistante, me poussait à chercher la réconciliation. Je n'avais plus de doute : il était temps de demander pardon.

Je pris mon téléphone, hésitante. Par où commencer ? À qui devais-je m'adresser en premier ? L'angoisse me serrait la gorge, mais je savais que c'était nécessaire. Un par un, je contactai ces personnes à qui j'avais pu faire du mal, volontairement ou non. Certains répondirent avec bienveillance, d'autres restèrent silencieux. Peu importait leur réaction ; je me sentais déjà plus légère.

Lors d'une soirée, pendant une veillée de prière en ligne, je décidai de mettre en pratique le conseil inspiré de la bergère Malou Foalem. Elle m'avait suggéré un geste qui, à première vue, pourrait sembler anodin, voire étrange, peut-être même un peu absurde. Il s'agissait d'écrire sur une feuille les noms de toutes les personnes qui m'avaient blessée, celles dont les paroles ou les actes avaient laissé une trace douloureuse en moi.

Je m'exécutai, non sans hésitation. Une fois la liste complète sous mes yeux, une vague d'émotions me submergea. Chaque nom inscrit portait en lui un souvenir amer, une cicatrice encore vive. Pourtant, l'étape suivante était la plus difficile : prier sur cette feuille, demander à Dieu de me pardonner d'avoir nourri du ressentiment envers ces personnes, qu'elles m'aient fait du tort avec ou sans intention.

Car au fond, peu importait la légitimité de ma colère, c'est moi qui portais le plus lourd fardeau. C'est moi qui souffrais, moi qui laissais ces blessures dicter mes émotions et façonner mes pensées. Alors, dans un élan sincère, je remis tout entre les mains de Dieu, espérant qu'Il m'aiderait à me libérer de cette douleur que je traînais depuis bien trop longtemps.

Je me souviendrai toujours, comme si c'était hier, de ces quinze personnes qui avaient occupé une place précieuse dans mon cœur, non pas par amour, mais par la douleur qu'elles m'avaient infligée. Quinze visages, quinze présences, quinze fragments de mon passé, chacun porteur d'une blessure qui m'avait marquée d'une manière ou d'une autre. Ces souvenirs n'étaient pas que des images figées dans le temps ; ils étaient vivants, palpitants, imprégnés d'émotions profondes que j'avais longtemps associées à la souffrance.

Le processus de réconciliation dans lequel j'étais engagée me poussait à revisiter ces souvenirs, à les dépoussiérer, non pas avec amertume, mais avec un regard neuf, un regard empreint de pardon et de grâce.

Pendant des années, j'avais porté un fardeau de rancune et de colère. Chaque action que je posais, chaque pensée que j'entreprenais était filtrée par le prisme de cette haine. Je ne me sentais pas digne d'avancer, pas digne de recevoir la paix, pas digne d'aimer ni d'être aimée.

Mais peu à peu, dans ce cheminement intérieur, je découvris une vérité qui commença à fissurer les murs de mon ressentiment : l'amour de Dieu est plus grand que mes blessures. Plus grand que les injustices que j'avais subies, plus grand que les trahisons, plus grand que les blessures que j'avais reçues. C'était une réalisation bouleversante. L'amour de Dieu n'était pas conditionné à mon passé ; il était incommensurable, inaltérable, constant.

En Lui, je devenais une nouvelle créature. Ces mots résonnaient en moi comme une promesse, comme une résurrection. Je n'étais plus la même. Mais que signifiait cette transformation ? Elle n'effaçait pas mon passé, non. Elle n'extirpait pas les blessures que j'avais subies, mais elle leur offrait un tout autre sens. Elles devenaient des pierres sur lesquelles je pouvais bâtir, et non des chaînes qui m'enserraient. Elles se transformaient en témoignages de la grâce, et non en preuves de ma condamnation.

Je repensais à chacun de ces quinze visages. Il y avait ceux qui m'avaient humiliée, ceux qui m'avaient trahie, ceux qui avaient blessé mon cœur d'une manière que je croyais irréversible. Tant de colère les habitait en moi, tant de rancune. Mais aujourd'hui, après ce cheminement intérieur, je choisis de les voir autrement. Non plus comme des ennemis, mais comme des êtres humains, faillibles, eux aussi marqués par les épreuves de la vie.

Je compris que le pardon ne signifiait pas oublier, ni excuser les actes qui m'avaient fait du mal. Non, il s'agissait d'un choix conscient de ne plus laisser ces douleurs définir mon avenir. J'appris que pardonner ne voulait pas dire restaurer des relations toxiques, mais plutôt libérer mon âme du fardeau du ressentiment.

Le pardon commence avec la reconnaissance. La reconnaissance de mes blessures, de ce passé que je ne pouvais effacer, mais aussi la reconnaissance que je pouvais choisir la manière dont je vivais avec tout cela. J'appris à nommer chaque douleur, à exprimer chaque ressentiment, non plus comme une plainte stérile, mais comme un pas vers la guérison. Je compris que pardonner était un acte nécessaire pour avancer.

Les Écritures m'enseignaient la grâce. Elles m'apprenaient que je n'étais pas définie par mes blessures, mais par l'amour incommensurable de notre Seigneur Jésus-Christ. Cet amour qui répare, qui restaure, qui rend toute chose nouvelle.

Alors, aujourd'hui, en repensant à ces quinze personnes, je choisis de les pardonner. Je choisis de garder leurs souvenirs dans la paix plutôt que dans la douleur. Je choisis de me détacher de la haine, car en Lui, je suis libre. Libre d'aimer, libre d'avancer, libre d'être cette nouvelle créature qu'Il façonne patiemment, avec bienveillance.

Ainsi, ce processus de réconciliation n'était pas seulement un retour vers eux, mais un retour vers moi-même, vers l'être que Dieu avait toujours voulu que je sois, l'être que j'avais toujours été au fond de moi, conformément à la prédestination de Sa pensée originelle.

Chapitre 4
L'épreuve du désert

Après un long moment de réflexion, une idée s'imposa à moi comme une évidence : je devais repartir de zéro. La rentrée prochaine devait marquer un tournant, un renouveau. Je me lançai alors dans une recherche de formations pour l'année à venir. Cette fois-ci, je savais que je devais être ferme et tenir bon, tout en laissant une place à Christ dans le choix de la suite de ma vie. J'en avais assez des longues soirées solitaires. Les pensées torturées avaient déjà fait suffisamment de ravages. Il était temps d'agir. Mon rêve refit surface avec force : retrouver mon premier amour académique, le droit, un domaine qui m'avait toujours passionnée. Pourtant, la question qui me préoccupait le plus n'était pas tant le choix du cursus que celle du financement.

Je n'avais plus beaucoup d'options. Strasbourg, ma ville d'adoption, ne me semblait plus être ma place. Les souvenirs de ma rupture avec mon compagnon et tout ce qui avait suivi avaient laissé des cicatrices que je croyais indélébiles. Non seulement il m'avait quittée, mais il avait refait sa vie en un temps record, comme si nous n'avions jamais existé. À peine une semaine après notre séparation, il avait déjà retrouvé l'amour et, pire encore, il l'avait amenée dans notre maison. Tout laissait à penser que cette idylle avait commencé bien avant qu'il ne veuille l'admettre. Encaisser une telle trahison était difficile, mais c'était la réalité. Comment avais-je pu en arriver là ? Je me perdais dans une spirale de désespoir et de confusion.

Malgré la douleur, il était hors de question que je reste à Strasbourg. Revoir chaque coin de la ville, marcher dans ces rues que nous avions arpentées ensemble, ravivait les souvenirs à chaque instant. Mon cœur se serrait à chaque pas. Mais plus encore que la ville elle-même, c'était tout ce qu'elle représentait : un échec, une vie dévastée. Il me fallait un changement radical.

C'est alors qu'une idée prit forme : reprendre mes études, reprendre ma vie en main. Mais comment faire sans me retrouver à nouveau dans une précarité financière ? En explorant les différentes plateformes d'inscription des facultés, je découvris plusieurs offres intéressantes. Deux d'entre elles attirèrent particulièrement mon attention : une licence en droit immobilier à l'Université Gustave Eiffel à Massy et une autre à l'Université de Perpignan Via Domitia (UPVD) à Narbonne. Si la première semblait être une opportunité sérieuse, la question du coût de la vie guida mon choix. Après tout, il était crucial de ne pas me retrouver dans une situation trop difficile sur le plan financier. Narbonne, avec ses loyers plus abordables, représentait un compromis idéal.

Je remplis les formulaires avec une énergie nouvelle, presque mécanique, déjà projetée dans un ailleurs, une autre vie. Peu importait la destination, tant que je pouvais quitter Strasbourg et ce passé. L'idée de commencer dans cette nouvelle faculté me redonnait de l'espoir. Je n'avais pas besoin de grandes ambitions pour l'instant, juste de cette première étape.

Après avoir postulé, je reçus des réponses positives des deux universités. La procédure de candidature était bien structurée : chaque établissement exigeait la soumission de documents en ligne, un entretien de motivation, et le respect de certaines dates butoirs pour finaliser l'inscription. Ce processus me laissa le temps de réfléchir et de choisir la voie la plus adaptée à ma situation.

Mais une question persistait : et si ce n'était pas suffisant ? J'avais l'impression d'être toujours en train de réparer quelque chose, comme si ma vie était un puzzle dont les pièces se dérobaient au fur et à mesure que je tentais de le reconstruire.

À présent, je comprenais qu'inconsciemment, j'avais encore cru à une improbable réconciliation entre lui et moi. Je n'arrivais toujours pas à accepter la brutalité de la situation. Était-ce possible ? En moins de trois mois, il avait effacé toute trace de nous deux, de notre histoire. Comme si tout n'avait été qu'un épisode sans importance dans sa vie. Il avait enchaîné les étapes, pris des décisions qu'il semblait avoir mûries bien avant notre rupture.

La douleur m'envahissait à chaque pensée, chaque souvenir. Une partie de moi avait l'impression de perdre pied. Comment avais-je pu en arriver là ? Le fossé entre ce que j'avais imaginé de cette relation et la réalité me semblait infranchissable. Les nuits blanches étaient devenues ma norme. Chaque réveil était une épreuve. Je me retrouvais plongée dans une mer d'émotions contradictoires, un tourbillon de tristesse, de colère, de déception et, plus que tout, d'incertitude. Parfois, je me disais qu'il fallait que tout cela cesse. La tentation de tout effacer, de tout quitter, me frôlait chaque jour. Mais, à chaque fois, quelque chose en moi me retenait. Le simple fait de penser à mon fils, à l'avenir qu'il méritait, à ma responsabilité en tant que mère, m'empêchait de commettre l'irréparable.

Je n'étais pas seule. J'avais cet enfant, et même si tout me semblait être une épreuve insurmontable, je savais qu'il y avait une lueur d'espoir. Il fallait que je me relève, pour lui et pour moi. Une petite voix intérieure me murmurait que la vie avait encore beaucoup à offrir, que cette tempête d'émotions finirait par se dissiper, et qu'il y avait une issue, un chemin à suivre.

En décidant de m'inscrire à cette formation en droit immobilier, je fis le premier pas vers la reconstruction. C'était un choix pragmatique, certes, mais aussi un acte de courage. L'avenir me semblait flou, mais une chose était certaine : j'étais prête à avancer, à affronter ce nouveau chapitre de ma vie.

Confinée une fois de plus, je voyais le marasme s'étendre à tous les aspects de la vie. Cette période marqua aussi le début d'un combat administratif exténuant. Je tentai de régulariser ma situation en demandant un changement de statut afin d'obtenir un titre de séjour en tant que parent d'un enfant français. Mon statut d'étudiante ne me permettait pas de travailler. Cette régularisation m'aurait permis non seulement de rester en règle, mais aussi de trouver un emploi, d'offrir une vie plus stable à mon fils, d'exister aux yeux de l'administration autrement que comme une ombre parmi tant d'autres.

Mais la loi avait changé en 2020. Désormais, les préfectures imposaient des conditions plus strictes pour l'obtention du titre de séjour des parents d'enfants français. Autrefois, prouver la filiation et la présence auprès de l'enfant suffisait. À présent, en cas de séparation, il fallait démontrer une prise en charge financière effective et régulière des deux parents. Cette réforme, censée prévenir les fraudes, compliquait terriblement ma situation.

Le père de mon fils refusait de verser une pension alimentaire, sous prétexte qu'il devait d'abord rembourser ses dettes. Des dettes que nous avions contractées à deux, mais que j'avais fini par assumer seule, malgré notre séparation et mon absence de revenus. Pour lui, les allocations de la CAF couvraient les besoins de notre enfant et il ne voyait aucune raison d'y ajouter quoi que ce soit. Il restait sourd à ma détresse, incapable de comprendre qu'il ne s'agissait pas d'une question pécuniaire mais plus tôt d'un document me permettant d'obtenir le changement de statut de mon titre de séjour.

La préfecture exigeait une preuve concrète de sa contribution financière. Je ne voulais pas son argent, seulement une attestation indispensable à mon dossier. J'étais même prête à lui restituer chaque versement, tant que j'obtenais ce document. Mais comment faire entendre raison à quelqu'un qui n'avait jamais eu à affronter l'administration, qui ne comprenait pas, ou pire, qui s'en moquait ? En l'absence de pension alimentaire, seule une décision de justice pouvait attester de ma situation.

Saisir la justice pour l'y contraindre me semblait irréaliste. Je n'en avais ni la force ni l'envie. L'idée que mon fils puisse être mêlé à un conflit judiciaire me rebutait.

Sans pension alimentaire, sans preuve officielle du soutien du père, ma demande risquait d'être rejetée. La préfecture réclamait des relevés bancaires, des attestations de paiement, un jugement fixant la pension. Mais je n'avais rien de tout cela. Chaque tentative de dialogue avec lui se heurtait à une impasse. Il me renvoyait inlassablement vers la CAF, répétant que ce que je touchais devait suffire. Il refusait de comprendre qu'il ne s'agissait pas seulement d'argent, mais d'une reconnaissance administrative essentielle.

Le confinement compliquait encore les choses. Les services administratifs tournaient au ralenti, les tribunaux fonctionnaient au minimum. Même en engageant une procédure, les délais s'annonçaient longs et incertains. Pendant ce temps, mon avenir restait en suspens.

Sans titre de séjour salarié, je ne pouvais pas travailler. Sans travail, je dépendais des aides sociales. Et sans pension alimentaire, mon dossier de régularisation demeurait bloqué.

Le système était impitoyable. Il ne tenait compte ni des nuances de la vie ni des réalités humaines derrière les dossiers. Il appliquait des critères rigides, laissant sur le carreau des parents dévoués et des enfants pris en étau entre des exigences administratives et des situations familiales complexes.

Alors, j'avançais malgré tout. Je cherchais des solutions, tentais d'obtenir un rendez-vous avec une assistante sociale. Mais le temps jouait contre moi. La peur de l'échec me hantait, et pourtant, pour mon fils, il n'y avait pas d'autre choix que de continuer.

Je rédigeai des lettres à la préfecture, sollicitai des rendez-vous, explorai toutes les pistes possibles. L'espoir était mince, mais il existait encore. Je m'y accrochais, car mon fils méritait une vie stable, un avenir où je pourrais travailler et lui offrir le meilleur. Renoncer n'était pas une option.

Puis un jour, une réponse arriva. L'espoir, longtemps éteint, se raviva. Le chemin restait semé d'embûches, mais une porte s'entrouvrait enfin.

Ma foi devint mon refuge. À l'église, mes prières prirent une ampleur nouvelle. Je jeûnais, méditais, échangeais avec mes frères et sœurs. C'est là que je puisais la force de tenir bon. Mon titre de séjour suspendu au-dessus de ma tête comme une épée de Damoclès, l'angoisse ne me quittait plus. Pourtant, ma foi restait inébranlable.

Une annonce vint troubler ma routine spirituelle : une veillée de prière était prévue, une nuit entière dédiée à l'intercession. Un formulaire en ligne permettait à chacun d'y déposer ses requêtes. Une hésitation me saisit. Devais-je vraiment exposer mon problème administratif ? Après tout, Dieu connaissait déjà mes besoins. Mais une force intérieure me poussa à franchir le pas. Je remplis le formulaire avec une sincérité poignante.

La veillée fut intense. L'atmosphère saturée de louanges et d'adoration transcendait mes inquiétudes. Nos prières montaient comme un parfum vers le ciel. Les pasteurs proclamaient des promesses bibliques pour ceux en difficulté, et à chaque parole, mon cœur s'embrasait d'espérance.

Les jours suivants, je persévérai dans la prière, m'abandonnant totalement à Dieu. L'adoration devint mon souffle, mon refuge.

Un matin, alors que je méditais sur *Ésaïe 40 :31* — « *Ceux qui se confient en l'Éternel renouvellent leur force* » —, une notification s'afficha sur mon téléphone. Mon cœur s'emballa. C'était un courriel de l'administration. Je l'ouvris, les mains légèrement tremblantes, le souffle suspendu.

Les mots tant espérés s'étalaient sous mes yeux : ma demande avait été acceptée.

Les larmes montèrent. Je tombai à genoux, submergée par une vague d'émotions indescriptibles. Une seule phrase s'échappa de mes lèvres :

— Merci, Seigneur !

À cet instant, je compris une vérité essentielle : la foi ne se limitait pas à attendre un miracle. Elle était un mode de vie, une marche constante dans l'adoration et la confiance.

Depuis ce jour, ma relation avec Dieu prit une nouvelle dimension. Je ne priais plus seulement pour obtenir des réponses, mais pour demeurer toujours plus proche de Lui. Car la véritable bénédiction ne résidait pas uniquement dans le miracle accompli, mais dans l'intimité profonde avec Celui qui les accomplit.

Au fil des jours, une paix nouvelle s'installa en moi, doucement, imperceptiblement. Petit à petit, mon regard sur les épreuves changea. Plutôt que de me focaliser sur mes pertes, je choisis de remercier Dieu pour ce qui m'était encore accordé : mon enfant, ma foi, l'opportunité de reconstruire ma vie.

J'appris à Lui faire confiance, même lorsque tout semblait incertain. J'appris à écouter Sa voix au milieu du chaos, à discerner Sa présence dans l'adversité. Peu à peu, un élan grandit en moi. Je me mis à servir, à tendre la main à ceux dont la détresse dépassait la mienne. Même avec peu, je partageais ce que j'avais : un appel réconfortant, une parole d'encouragement, un geste d'amour. Et à travers ces dons, je découvris un secret inattendu : donner devenait une source de guérison.

Dans ma quête de sanctification, je prenais conscience, jour après jour, de la nécessité d'avancer, d'évoluer, d'affiner ma foi. Parmi les étapes incontournables de ce pèlerinage intérieur, il y avait celle, à la fois redoutable et libératrice, de demander pardon à ceux que j'avais blessés. Bien que convertie, et même si j'avais déjà choisi, dans le secret de mon cœur, d'absoudre ces personnes, je n'avais jamais osé franchir le seuil de l'aveu. J'avais toujours reculé, par crainte de raviver d'anciennes blessures ou, peut-être, par un orgueil inconscient. Pourtant, il était impensable de laisser perdurer cette image selon laquelle nous, chrétiens, recherchions le pardon divin sans jamais nous humilier devant nos semblables.

Cette révélation me frappa avec la brutalité d'un vent glacé s'abattant sur un visage trop longtemps réchauffé par la douceur du soleil. Je compris alors que ma relation avec Dieu ne pourrait être pleinement restaurée tant que je n'aurais pas recousu les liens distendus au fil de mon parcours. Il ne suffisait pas de prier dans le secret de ma chambre et d'espérer que le Seigneur efface mes fautes ; je devais me lever, marcher vers l'autre, le regarder dans les yeux, et lui offrir des paroles imprégnées de sincérité.

"Si donc tu présentes ton offrande à l'autel, et que là tu te souviennes que ton frère a quelque chose contre toi, laisse-là ton offrande devant l'autel, et va d'abord te réconcilier avec ton frère ; puis, viens présenter ton offrande." **(Matthieu 5 :23-24)**

Un visage s'imposa aussitôt à mon esprit : celui d'une sœur de l'église avec qui j'avais eu un différend. L'incident remontait à plusieurs années et, bien que presque dissipé dans l'oubli collectif, il demeurait en moi comme une note dissonante dans une mélodie. Une querelle anodine, un malentendu amplifié par l'orgueil, quelques mots échappés trop vite, et un abîme s'était creusé. Depuis, nous étions devenues des étrangères sous le même toit sacré. Cette situation me pesait comme une fausse note entachant l'harmonie de ma foi.

Prendre la décision d'aller vers elle fut une lutte silencieuse, mais je savais que c'était un passage obligé sur mon chemin spirituel. Comment pouvais-je prétendre suivre le Christ et renier l'essence même de ses commandements ?

"Supportez-vous les uns les autres, et, si l'un a sujet de se plaindre de l'autre, pardonnez-vous réciproquement. De même que Christ vous a pardonné, pardonnez-vous aussi."
(Colossiens 3:13)

Mais il n'était pas seulement question de cette sœur de l'église. Une blessure plus ancienne, plus profonde, continuait de murmurer en moi : celle qui marquait ma relation avec ma mère. Depuis l'adolescence, les non-dits s'étaient empilés entre nous comme des pierres dressées en rempart. Nous nous parlions encore, certes, mais avec la prudence de ceux qui craignent de réveiller des souvenirs douloureux. Cette relation, vidée de son essence véritable, n'était plus qu'une fragile esquisse de ce qu'elle aurait dû être.

"Honore ton père et ta mère, afin que tes jours se prolongent dans le pays que l'Éternel, ton Dieu, te donne." **(Exode 20 :12)**

Un matin, cette parole résonna en moi avec une force troublante : "Si tu ne pardonnes pas à ta mère et ne te réconcilies pas avec elle, ta vie n'avancera pas."

Le pardon n'était pas une simple formule. C'était un arrachement à soi-même, une mise à nu de l'âme, un renoncement à l'orgueil. Il exigeait de moi que je regarde mes fautes en face, sans les édulcorer, sans chercher à les travestir sous des excuses.

"Car si vous pardonnez aux hommes leurs offenses, votre Père céleste vous pardonnera aussi ; mais si vous ne pardonnez pas aux hommes, votre Père ne vous pardonnera pas non plus vos offenses."
(Matthieu 6 :14-15)

Le pardon n'efface pas le passé, mais il en modifie le poids. Il transmute la douleur en apprentissage, le regret en leçon de vie. Plus j'avançais dans cette démarche, plus je sentais une paix profonde irriguer mon être, comme une source vive jaillissant dans un désert aride.

Puis, d'autres visages surgissaient des brumes du passé, ceux d'amis autrefois chers, écartés de ma route sans que je n'aie mesuré la portée de mon silence. Parmi eux, un ami du lycée. Nous étions inséparables, liés par cette insouciance propre à la jeunesse. Mais le temps et la distance avaient fait leur œuvre, et moi, absorbée par mon départ pour la France, j'avais laissé ses messages se perdre dans le néant. Peu à peu, le fil de notre amitié s'était effiloché jusqu'à se rompre complètement.

Le retrouver aujourd'hui relevait d'une réparation essentielle. Non seulement pour lui, mais aussi pour moi. Ce n'était pas qu'une démarche de rédemption, c'était une nécessité pour refermer un chapitre inachevé.

"Soyez bons les uns envers les autres, compatissants, vous pardonnant réciproquement, comme Dieu vous a pardonné en Christ." **(Éphésiens 4 :32)**

Chercher à ressembler au Christ, ce n'était pas seulement prier et observer ses préceptes, c'était aussi réparer, panser les blessures laissées derrière moi. Ce chemin du pardon, aussi exigeant soit-il, était en réalité un sentier de délivrance. Plus j'avançais, plus je me sentais en accord avec ma foi, en paix avec moi-même et avec ceux que j'avais blessés.

Après quelques appels, j'avais réussi à avoir à nouveau son numéro. Je n'avais aucune attente, sinon celle d'un échange sincère où je pourrais lui présenter mes excuses. J'avais reçu cette grâce précieuse : celle de me tourner vers tous ceux que j'avais blessés et de leur demander pardon. Et cette grâce, je l'avais saisie sans hésitation.

Face à mon coup de fil, pourtant, il y eut d'abord de l'incompréhension. Un mélange d'étonnement et de colère voilait son regard, comme s'il tentait de percer le mystère de ma démarche après tant d'années. Pourquoi maintenant ? Pourquoi rouvrir une plaie qu'il avait sans doute tenté d'oublier ? Je n'avais pas de réponse à lui offrir. Je savais seulement que quelque chose en moi avait été transformée, que la présence du divin travaillait dans les profondeurs de mon être, détruisant les fondations anciennes pour en bâtir de nouvelles.

Il n'y avait ni explication rationnelle ni justification à donner. Ce pardon que je venais déposer devant lui n'était pas une simple demande, mais une étape de plus sur le chemin que Christ m'avait inspiré. Qu'il l'accepte ou non ne m'appartenait plus. Tout ce que je pouvais faire, c'était avancer.

Je l'avais longtemps évité, non par lâcheté, mais parce que le poids de mes fautes me semblait insoutenable. Affronter le regard de quelqu'un que l'on a blessé est une épreuve dont on ne sort jamais totalement indemne.

C'est un miroir impitoyable, reflet de nos imperfections et de nos failles. Pendant des années, j'avais repoussé ce moment, croyant naïvement que le silence ferait son œuvre, que l'oubli finirait par combler le vide laissé derrière moi. Mais il n'en fut rien.

Le temps n'efface pas tout. Certaines blessures restent, invisibles aux yeux du monde, mais toujours vivantes, prêtes à resurgir au moindre souffle du passé. Je l'avais compris en affrontant mes propres douleurs, celles que d'autres m'avaient infligée sans jamais revenir sur leurs pas. C'était peut-être ce qui m'avait poussée à franchir cette porte aujourd'hui : une forme de justice, non pas celle des hommes, mais celle qui s'imprime dans les âmes, celle qui exige que l'on répare, même lorsque tout semble perdu.

Son silence en disait long. Il oscillait entre méfiance et rancœur, tiraillé entre le désir de comprendre et celui de rejeter en bloc. Comment lui en vouloir ? À sa place, aurais-je seulement eu la force d'écouter ?

Le passé a une odeur, un goût, une empreinte indélébile. Il suffit d'un mot, d'un geste, d'une présence pour que tout refasse surface. J'en étais consciente en venant ici. Pourtant, malgré la tension qui alourdissait l'air entre nous, je restais là, droite, ancrée dans cette décision que plus rien ne pouvait ébranler.

Je ne lui demandais pas de me comprendre, encore moins de m'absoudre. Le pardon n'est pas un dû, mais un don que l'on fait ou que l'on refuse, librement. Tout ce que je pouvais faire, c'était témoigner de ma sincérité, déposer devant lui les mots que j'aurais dû dire bien plus tôt et accepter, quoi qu'il arrive, la réponse qu'il choisirait de me donner.

Il n'y avait plus de peur, plus de regrets. Juste cette certitude qu'en ce jour, quelque chose, même infime, pouvait commencer à guérir.

Chapitre 5
La renaissance

La veille de mon départ, je m'étais entretenue au téléphone avec mes parents dans la foi, l'Assistant pasteur Élie Foalem et sa tendre et chaleureuse épouse, ma précieuse, Malou Foalem. J'avais écouté attentivement leurs conseils, tandis que quelques larmes silencieuses sillonnaient mon visage. Quitter ce lieu me déchirait le cœur, mais il le fallait. Ce départ n'était pas un abandon, mais un appel, une direction que le Seigneur traçait devant moi. Ils le comprenaient et m'y encourageaient, même si, au fond d'eux, je savais qu'ils auraient préféré voir les choses s'arranger autrement, là, près d'eux, dans cette ville où j'avais tant grandi spirituellement.

Après une trentaine de minutes, j'avais raccroché le téléphone, ayant reçu leurs prières et leur bénédiction. Un mélange de tristesse et d'espérance m'envahissait. Tristesse de quitter ceux qui m'avaient tant soutenue dans la prière et l'amour fraternel, et espérance de voir le Seigneur ouvrir un nouveau chapitre, loin des épreuves passées.

Ainsi, je quittai Strasbourg. Je m'embarquai pour une terre inconnue, une ville neutre, un lieu où personne ne me connaissait, où je pouvais me réinventer sous la conduite du Saint-Esprit. Je voulais tout recommencer à zéro, ensevelir les blessures d'hier et renaître dans la paix que seule la grâce de Christ pouvait offrir. Ce départ n'était pas un choix de confort, mais un pas de foi, un sacrifice nécessaire pour bâtir un avenir stable, pour moi et pour mon fils. Je voulais lui offrir une vie meilleure, loin des douleurs et des cicatrices du passé. Je savais que le chemin serait semé d'embûches, mais je m'y étais préparée, revêtue de la force que le Seigneur donne à ceux qui se confient en Lui.

C'est le cœur chargé d'émotion, cet après-midi-là, que mes amies Raïssa, Steffy et Karl m'avaient accompagnée jusqu'à la gare de Strasbourg. Chargée de plusieurs valises, portant mon fils dans les bras et un sac sur l'épaule, j'étais à la fois fébrile et résolue. Ils m'avaient aidée à m'installer, veillant sur moi avec cet amour fraternel qui ne trahit pas. Puis vint le moment douloureux des adieux. Mes amies avaient tenté de me réconforter, mais face à l'émotion qui nous submergeait, les mots semblaient inutiles. Les larmes coulaient librement sur nos joues. Dans ce torrent d'émotions, nous nous étions promis de rester en contact, de nous revoir dès que le Seigneur le permettrait.

Le train s'ébranla lentement, emportant avec lui une partie de ma vie. Derrière la vitre, je regardais défiler les paysages familiers, chaque rue, chaque bâtiment éveillant en moi des souvenirs. Mais désormais, il me fallait avancer, sans me retourner.

Le voyage fut long. Mon fils s'était endormi paisiblement à mes côtés, inconscient du bouleversement qui se jouait. Moi, en revanche, je peinais à trouver le sommeil. Mon esprit était assiégé par mille pensées. Que me réservait cette nouvelle vie à Narbonne ? Allais-je m'y sentir à ma place ? Trouverais-je un emploi ? Parviendrais-je à achever mes études de droit, ce rêve que je portais en moi depuis tant d'années ?

Je repensais aux épreuves qui m'avaient conduite ici. La douleur, les déceptions, les trahisons. Mais aussi aux bénédictions, aux âmes précieuses que Dieu avait placées sur mon chemin pour me fortifier. L'Assistant pasteur Élie Foalem et son épouse, mes amis, tous ceux qui avaient cru en moi et m'avaient encouragée à persévérer. Leur amour et leurs prières étaient un roc sur lequel je pouvais m'appuyer.

Le train traversait des plaines, des forêts, des villages endormis. À chaque gare où il marquait l'arrêt, j'avais l'impression d'assister au passage d'une saison de ma vie à une autre. J'étais suspendue entre mon passé et mon avenir, entre l'ancienne version de moi-même et celle que le Seigneur façonnait patiemment.

Puis, enfin, Narbonne apparut à l'horizon. Mon cœur s'accéléra. L'excitation se mêlait à l'appréhension. Je ne connaissais personne ici. Tout restait à construire. Mais n'était-ce pas précisément ce que le Seigneur voulait pour moi ? Un nouveau départ, une terre promise après le désert ?

Le train s'arrêta. Je pris une profonde inspiration avant de descendre, mon fils dans mes bras et mes valises à mes pieds. L'air était différent, plus doux, plus chaud, comme une caresse venue du ciel. Une nouvelle page s'ouvrait, et cette fois, je n'étais plus une femme brisée, mais une femme relevée par la grâce divine.

J'avais quitté Strasbourg avec des larmes, mais aussi avec une seule certitude : je finirais mes études, je bâtirais un avenir solide, non seulement pour moi, mais pour mon fils. Je voulais être un témoignage vivant de la fidélité de Dieu, prouver que l'épreuve n'était jamais la fin du voyage, mais une étape vers la restauration et la victoire.

Bien que j'eusse avancé avec le Seigneur, la marche vers la restauration n'avait pas été facile. Dans la solitude de mon cœur, je continuais parfois à vivre des crises d'angoisse violentes, écrasée par un chagrin qui semblait invisible aux yeux des autres. Certains matins, je me réveillais avec une sensation d'étouffement, les souvenirs revenant sans cesse, implacables, me rappelant ce qui avait été et ce qui ne serait plus. Loin de Strasbourg, loin de ce cocon d'amis qui m'avait soutenue, il me fallait désormais tenir bon, seule, faire preuve de diligence et avancer malgré le poids qui alourdissait chacun de mes pas.

Il y avait en moi un vide, une faim, une absence qui ne se comblait pas. Depuis mon enfance, j'avais cette impression d'être de trop, de n'être jamais le premier choix. Ma mère m'aimait certes, mais il y avait une blessure sourde qui murmurait en moi que si elle avait dû choisir, ce ne serait pas moi. Et puis, il y avait l'amour… ou du moins, ce que je croyais être l'amour.

Je m'étais battue pour être désirée, pour être choisie. J'avais tout donné, espérant qu'enfin, cette fois, ce serait différent. Mais chaque fois, le même scénario : reléguée, mise de côté, comme une ombre tolérée, mais jamais pleinement embrassée. Cette situation m'avait rendue colérique. Je n'étais pas seulement rejetée par ceux que j'aimais, mais aussi par les regards de jugement des autres, qui me pointaient du doigt et m'accusaient sans comprendre. Cela renforçait ma croyance que je n'étais pas digne d'être aimée, qu'il y avait quelque chose en moi de fondamentalement défectueux. Ce rejet constant nourrissait mes crises d'angoisse, qui devenaient de plus en plus intenses, me laissant avec une sensation d'étouffement que je ne pouvais maîtriser.

Il y avait des jours où je me retrouvais à marcher dans l'ombre de mon propre désespoir, cherchant une issue, un apaisement que rien ni personne ne semblait pouvoir m'offrir. Je me sentais comme une naufragée, perdue en mer, ballottée par des vagues d'émotions incontrôlables. Cette séparation avait rouvert une plaie que je croyais fermée, réactivant des blessures anciennes, profondément enfouies en moi.

Je me souviens de ce soir. Des amis étaient venus passés noël avec moi à Narbonne. Une simple remarque, et tout avait basculé. Une pression sourde s'épris de ma poitrine, un souffle court, saccadé, incapable de retrouver un rythme normal. Une colère brûlante montait en vagues, incontrôlable, un torrent de larmes tombaient sur mes joues. L'envie d'hurler, de tout faire exploser, mais aussi celle de disparaître. Les larmes coulaient sans que je puisse les arrêter, l'impuissance m'écrasait. Et cette peur, celle d'être vue ainsi, celle d'être brisée à jamais. Puis, enfin, l'épuisement. Comme une mer après la tempête. Plus rien, juste le vide. Une table renversée, des éclats de voix fendant le silence. Je ne me reconnaissais plus. Mes amis non plus. Ils me regardaient avec un mélange d'effroi et d'incompréhension. Moi, je ne voyais que le chaos, dehors comme dedans.

Pour la première fois, ils me voyaient autrement que comme la femme forte et inébranlable qu'ils avaient toujours connue. Et ça me terrifiait.

Je voulais m'en sortir, je le voulais vraiment. Je m'accrochais, espérant me convaincre que je pouvais guérir seule. Mais en réalité, je me noyais. Chaque jour était une lutte silencieuse contre cette voix intérieure qui me répétait que je n'étais pas assez, que je ne serais jamais assez.

Et puis, au plus profond de mon désespoir, une Voix brisa le silence.

"Tu es Mon choix à Moi."

Ces mots traversèrent mon cœur comme une lumière dans l'obscurité. Là où j'avais été une option pour les autres, Lui m'avait choisie depuis toujours. Là où l'amour humain m'avait laissée affamée et brisée, Lui m'a nourrie de Sa présence.

"Je te ressusciterai les années que les sauterelles ont volées." **(Joël 2 :25)**

Comme un murmure dans le silence de mon âme, ces paroles éveillèrent en moi un besoin irrépressible de tourner les pages de la Bible.

Mes doigts tremblants parcoururent les Écritures jusqu'à ce verset :

*"L'Éternel est près de ceux qui ont le cœur brisé, et il sauve ceux qui ont l'esprit abattu." **(Psaume 34 :18)***

Ces mots frappèrent mon cœur avec une force nouvelle. Ils semblaient avoir été écrits juste pour moi, pour ce moment précis.

Je laissai ces paroles résonner en moi, brisant peu à peu le mur de ma souffrance. Une chaleur discrète mais réelle se diffusa dans mon être, comme un baume sur une plaie ouverte. Pour la première fois depuis longtemps, je me sentis entendue, comprise, aimée d'un amour qui ne déçoit jamais.

Petit à petit, quelque chose en moi commença à changer. Le chagrin qui me semblait insurmontable, cette souffrance que je croyais éternelle, perdit de son emprise. Je compris que la guérison ne viendrait pas en un jour, mais qu'elle était en marche. Chaque matin, je m'accrochais à cette promesse :

"Car je connais les projets que j'ai formés pour vous, dit l'Éternel, des projets de paix et non de malheur, afin de vous donner un avenir et une espérance." **(Jérémie 29 :11)**

Peu à peu, je commençai à voir la vie sous un autre angle. Là où je n'avais perçu que du vide, je remarquais maintenant des signes d'espérance : le sourire d'un enfant, le chant des oiseaux au petit matin, le bruissement du vent dans les arbres. Tout semblait murmurer que la vie continuait, et que moi aussi, je pouvais prospérer.

Bien sûr, il y avait encore des jours difficiles. Des jours où la douleur resurgissait, où les souvenirs tentaient de me ramener en arrière. Mais je savais désormais que je n'étais plus seule pour affronter ces moments. À chaque moment de faiblesse, je me tournais vers la Parole, et je trouvais toujours un réconfort, un souffle nouveau pour continuer à avancer.

Un matin, alors que je me tenais devant ma fenêtre, contemplant le ciel qui se teintait de rose et d'or, je pris une grande inspiration. Pour la première fois depuis longtemps, je ne ressentais plus cette lourdeur qui m'oppressait.

Je réalisais alors, sans m'en rendre compte que j'avais traversé la tempête. Mon cœur, bien que marqué par les épreuves, battait à nouveau de joie, car j'avais trouvé en Dieu une paix et une force incomparable. Je croyais que mon histoire était finie, condamnée à errer dans un désert d'amour et d'abandon, mais ce jour-là, une promesse fut scellée. Jésus ramassa les morceaux brisés de mon cœur et commença Son œuvre de restauration. Ce ne fut pas facile, les blessures étaient profondes et les réflexes de survie bien ancrés, mais Il tint Sa promesse et, peu à peu, Il remplit ce vide que rien d'autre n'aurait pu combler.

Aujourd'hui encore, le chemin continuait. Mais une chose était certaine : je n'étais plus seule. Je n'étais plus une option. J'étais aimée d'un amour éternel.

Je levais les yeux vers le ciel, laissant un sourire éclairer mon visage. Tout en moi résonnait avec cette vérité profonde :

"Tout ce que Dieu fait est bon en son temps." **(Ecclésiaste 3 :11)**

Je savais que ma route ne serait pas toujours facile, que d'autres épreuves viendraient. Mais désormais, je n'avais plus peur.

Je n'avais jamais cru aux secondes chances. Pas vraiment. Pas après ce que j'avais traversé.

Lorsqu'on vous arrache tout, lorsqu'on vous abandonne sur le seuil d'une porte, un enfant dans les bras et le cœur en ruines, il devient presque impossible, d'imaginer un avenir plus clément. On n'apprend plus à vivre, seulement à survivre, à compter les jours comme on compte les battements d'un cœur brisé. Mais espérer ? Espérer relevait d'une naïveté que je ne pouvais plus me permettre.

L'année 2020 était gravée en moi comme une marque au fer rouge.

Alors, petit à petit, j'avais appris à exister autrement. À ne plus me définir uniquement à travers mon passé, à travers cette relation non aboutit, à travers cette dyslexie, à travers tous ces échecs qui m'avaient consumée jusqu'à la moelle. J'avais découvert la solitude, cette présence muette qui, contre toute attente, m'apportait un semblant de paix.

Cela ne signifiait pas que la souffrance s'était envolée, mais elle n'était plus ce gouffre qui menaçait de m'engloutir. Elle s'était transformée en un murmure lointain, un écho persistant mais supportable. Lentement, j'avais recommencé à goûter aux petites choses. Le parfum d'une crêpe fait maison, la caresse légère d'un matin d'automne, le rire cristallin de mon fils.

C'étaient là de simples éclats de lumière dans un quotidien encore parsemé d'ombres, mais je savais qu'au milieu des ténèbres, le Seigneur n'avait jamais cessé de veiller sur moi. Il m'avait portée quand mes forces m'abandonnaient. Et même si je ne le voyais pas alors, Sa main ne m'avait jamais lâchée.

Puis, il était revenu dans ma vie.

Ce ne fut ni une révélation soudaine ni une évidence éclatante. Il était réapparu comme une ombre discrète, une présence d'abord imperceptible, glissant dans mon quotidien sans bruit. Il ne cherchait pas à s'imposer, ne forçait rien. D'abord une silhouette aperçue au hasard, il était devenu une connaissance lointaine, jusqu'à ce que son existence commence à effleurer la mienne avec une régularité troublante.

J'étais méfiante, presque froide. Il m'était inconcevable qu'un homme puisse être autre chose qu'un danger latent, une menace déguisée sous un masque de bienveillance. Pourtant, il ne semblait rien attendre en retour. Il se contentait d'être là, de m'offrir une présence stable sans jamais exiger que je m'y accroche.

Je scrutais ses gestes, analysais ses paroles, attendant le moment où il dévoilerait sa véritable nature. Mais ce moment ne venait pas. Il n'y avait ni manipulation ni faux-semblant. Juste une patience désarmante, une douceur qui réveillait en moi une émotion que je croyais à jamais éteinte : l'envie d'y croire.

Les jours s'étaient transformés en semaines. Mon cœur, que je pensais définitivement anesthésier, recommençait à battre autrement. Pas avec l'intensité aveugle d'une passion dévorante, mais avec une lenteur prudente, presque hésitante. Il était encore trop tôt pour parler d'amour. Mais il y avait quelque chose.

Et pourtant, je restais figée.

L'ombre du passé s'accrochait à moi comme une seconde peau. Chaque sourire échangé me rappelait ceux qui, autrefois, avaient précédé la trahison. Chaque instant de bonheur me paraissait trop fragile, prêt à s'effondrer au moindre souffle du destin. Je vivais avec cette peur viscérale qu'un jour, lui aussi disparaisse, qu'il me laisse là, vidée, brisée une seconde fois.

Les souvenirs me hantaient, surgissant dans l'obscurité comme des fantômes refusant de s'effacer. Certaines nuits, je me réveillais en sursaut, mon corps tremblant sous le poids d'angoisses anciennes. Je fixais le plafond, le cœur affolé, cherchant un ancrage dans le présent. Je prenais mon téléphone et je l'appelais en pleurant. Il était souvent là, à moitié endormi à l'autre bout de fil, à me rassurer.

Quelquefois, un livreur sonnait en bas de ma porte, il me faisait livrer des courses, des couches, du goûter pour mon fils ...etc. Alors, je prenais mon téléphone et je lançais un appel vidéo, je l'observais en silence, me demandant comment un homme pouvait être aussi différent. Il ne ressemblait en rien à mon passé. Alors qu'il le subissait. Il ne me demandait pas d'oublier mes blessures, il m'offrait simplement la possibilité de me reconstruire à mon rythme.

Et c'est à ce moment-là que j'avais compris.

Il n'était pas une répétition des erreurs d'hier. Il était une grâce. Une bénédiction discrète, offerte sans condition. Il ne s'imposait pas, il existait, attendant que je sois prête à le reconnaître.

J'étais tombée amoureuse à nouveau.

C'était effrayant. Un vertige qui me donnait envie de fuir, de me barricader derrière mes murs une fois encore. Mais pour la première fois, une petite voix en moi murmurait que peut-être, cette fois, tout pouvait être différent.

Peut-être que l'amour ne m'avait pas oubliée.

Et peut-être que lui, cet homme qui m'aimait malgré mes silences et mes peurs, était l'avenir que je n'avais jamais osé espérer.

Je n'en avais pas encore la certitude.

Mais pour la première fois depuis longtemps, je laissais la lumière entrer.

Puis un jour, il était venu à notre rencontre, et mon fils s'était précipité dans ses bras en s'écriant : "Papa !"

À cet instant, j'ai su que c'était le bon.

Chapitre 6
Une créature nouvelle

Octobre 2022

Assise dans le salon du couple Foalem, j'écoutais mon futur époux parler de mariage d'une voix timide, son regard oscillant entre l'espoir et l'inquiétude. Moi, perdue dans mes pensées, je laissais mon cœur se balancer entre le doute et le rêve.

Étais-je prête à m'engager pour la vie ? Je l'aimais, oui, mais au fond, je savais qu'aimer ne suffisait pas. Mon expérience me l'avait appris, mais comment devais-je faire ?

Le couple Foalem nous observait en silence, leurs visages empreints de sagesse et de bienveillance. Pourtant, ce soir-là, leur message ne fut pas celui que nous attendions.

— L'amour est essentiel, mais il ne suffit pas à bâtir un mariage solide, commença Malou Foalem d'une voix douce. Beaucoup de couples se marient par amour, pensant que ce seul sentiment suffira à les porter. Mais l'amour, sans la connaissance de l'institution divine du mariage, devient un fardeau trop lourd à porter.

Son époux, Elie, acquiesça avant d'ajouter :

— L'erreur de nombreux jeunes couples est de croire que le mariage repose uniquement sur l'affection qu'ils se portent. Mais ce n'est pas l'amour qui soutient le mariage, c'est la compréhension de l'alliance telle que Dieu l'a voulue. C'est là que beaucoup échouent, car ils ignorent les principes divins qui régissent cette union.

À ce moment-là, Créxent-Émée et moi n'étions pas encore fiancés. Cette rencontre représentait une sorte de demande auprès de ceux qui, bien que n'étant pas mes parents biologiques, m'avaient adoptée par leur amour et leur attention. Nous échangeâmes un regard incertain. Nous nous aimions sincèrement, et pourtant, leurs paroles faisaient écho à nos doutes les plus profonds.

— Regardez autour de vous, poursuivit Madame Foalem. Combien de mariages commencent dans la ferveur des sentiments mais s'effondrent quelques années plus tard ? Le problème n'est pas le manque d'amour, mais l'absence de compréhension de ce que Dieu a conçu pour le mariage.

Je pris une inspiration profonde.

— Mais que devons-nous comprendre, alors ? demandai-je timidement.

Malou ouvrit sa Bible et tourna les pages avec une grande révérence.

—Regardez ici, dans **Matthieu 19 :6** : "*Ainsi, ils ne sont plus deux, mais une seule chair. Que l'homme donc ne sépare pas ce que Dieu a joint.*" Le mariage est une institution divine, pas un simple contrat entre deux êtres. Ce n'est pas une aventure sentimentale, mais une alliance sacrée établie par Dieu.

Elle marqua une pause avant d'ajouter :

— C'est une union qui repose sur la connaissance de Dieu, sur les principes bibliques et sur la capacité à renoncer à soi pour construire un tout. Beaucoup de couples finissent par divorcer non parce qu'ils ne s'aiment plus, mais parce qu'ils ne comprennent pas le sens spirituel du mariage.

Elle posa doucement une main sur la table et reprit :

— L'amour romantique est un feu ardent, mais sans l'enseignement de Dieu, il s'éteint face aux tempêtes de la vie. Seuls ceux qui reconnaissent le mariage comme une institution divine et qui le vivent selon les principes établis par Christ peuvent le voir prospérer.

Un frisson me parcourut. Ces paroles résonnaient en moi comme une révélation. Je m'étais accrochée à l'idée que l'amour seul suffirait à tout régler. Mais l'amour, sans sagesse, sans connaissance, sans fondement spirituel, n'était qu'une flamme vacillante, incapable de résister aux vents de l'épreuve.

— Alors, que devons-nous faire ? demanda mon futur époux, visiblement troublé.

Elie sourit.

— Vous devez apprendre ce qu'est réellement le mariage avant d'y entrer. Comprenez qu'il s'agit d'une mission spirituelle, d'une union destinée à glorifier Dieu et non simplement à satisfaire vos émotions. Cherchez dans la Parole, priez ensemble, demandez à Dieu de vous éclairer. Ce n'est pas une décision à prendre à la légère.

Malou ajouta :

— Il ne suffit pas de s'aimer. Il faut savoir pourquoi on s'unit, comprendre ce que cela implique, et surtout, se préparer à grandir ensemble selon les desseins de Dieu.

Nous quittions cette rencontre avec un poids différent sur le cœur. Non plus l'angoisse d'un mariage incertain, mais la conscience que nous devions chercher au-delà de nos sentiments. Le mariage était bien plus qu'une célébration d'amour. C'était une vocation, une alliance sanctifiée, une réalité divine que seul Christ pouvait nous apprendre à honorer.

Nous comprîmes alors que l'amour, aussi pur soit-il, n'était qu'une étincelle. Pour que le feu du mariage brûle et resplendisse, il nous fallait la sagesse de Dieu comme combustible. Seule la connaissance de l'institution divine du mariage, telle que révélée par Jésus-Christ, pouvait nous guider vers une union véritablement bénie.

Décembre 2022

La nuit était douce, baignée d'une atmosphère à la fois festive et spirituelle. Ce 31 décembre 2022, à minuit précis, le moment tant attendu était enfin arrivé. Une vague d'émotions nous submergeait alors que nous nous réunissions pour chanter ensemble des cantiques d'action de grâce, exprimant notre gratitude profonde envers notre Seigneur Jésus-Christ. Ce n'était pas simplement un rituel, mais un témoignage sincère de reconnaissance pour l'année écoulée et un élan d'espérance pour celle qui commençait.

Les voix s'élevaient, harmonieuses et ferventes, emplissant la salle d'une énergie vibrante. Certains chantaient avec ferveur, les mains levées en signe de louange, tandis que d'autres laissaient couler des larmes de reconnaissance. L'année 2022 avait été ponctuée de défis et d'épreuves, mais aussi de bénédictions et de victoires. Chaque note chantée était un remerciement pour la force reçue, chaque regard échangé traduisait la solidarité et la foi qui nous unissaient.

Dans cette ambiance de recueillement, la lumière tamisée des bougies ajoutait une touche de sérénité. Le piano résonnait doucement, accompagné par le rythme apaisant d'une guitare et des percussions légères. Les générations se mêlaient dans un même élan : les enfants chantaient avec insouciance, les jeunes avec passion, et les aînés avec sagesse, apportant chacun leur part à cette célébration commune.

Nos pensées se tournaient vers l'avenir. Que nous réservait 2023 ? Nous l'ignorions, mais une certitude nous habitait : nous la remettions entre les mains de Dieu. Nos chants proclamaient la fidélité du Seigneur, rappelant les moments où Sa présence avait éclairé notre route. Les témoignages se succédaient, chacun racontant une histoire de foi : une guérison miraculeuse, une protection inattendue, une bénédiction inespérée. Ces récits nous rappelaient que, même dans l'épreuve, nous n'étions jamais seuls.

Puis, dans un silence chargé de ferveur, nous nous recueillions en prière. Chacun confiait à Dieu ses espoirs, ses inquiétudes et ses aspirations pour l'année nouvelle. Le pasteur nous encouragea à avancer avec foi, à voir chaque jour comme un cadeau, et chaque difficulté comme une opportunité de grandir spirituellement.

La nuit s'acheva sur un dernier chant, résonnant d'espérance. Après les chants vinrent les échanges de vœux, les accolades sincères et les éclats de rire. Les tables regorgeaient de mets savoureux, et la fête se poursuivit dans la joie. Mais au-delà des festivités, un sentiment de paix nous habitait : nous commencions cette nouvelle année avec confiance, certains que Dieu veillerait sur chacun de nos pas.

1er janvier 2023

Nous sommes en plein repas de nouvel an, une demande simple en intimité, par des mots sincères, je suis fiancée.

14 juillet 2023

Cette da restera gravé dans nos âmes comme le jour où nos cœurs, enfin, ont battu à l'unisson devant Dieu et les hommes. Ce n'était pas seulement un mariage, c'était l'aboutissement d'une histoire que le destin avait tissée patiemment, avec ses éclats de lumière et ses silences, ses tempêtes et ses éclaircies.

Nous vivions en France, mais c'est au Gabon, sur cette terre empreinte de nos racines et de nos souvenirs, que nous avons choisi de sceller notre amour. Ce choix n'était pas anodin. Nous voulions plus qu'une union, nous voulions un hommage. À nos parents, à nos valeurs chrétiennes, à cette foi qui nous a portés même lorsque tout semblait vaciller. Se marier ici, c'était ancrer notre amour dans l'héritage de ceux qui nous ont précédés, dans la bénédiction de ceux qui nous ont aimés avant même que nous existions.

Le décor semblait sorti d'un rêve. Une allée parsemée de pétales menait à une arche drapée d'or, de blanc et de rouge, sous laquelle trônaient deux fauteuils complices. L'océan, en toile de fond, chantait doucement, témoin silencieux de notre engagement. Tout semblait suspendu dans l'éternité.

Et puis, il y avait lui.

L'homme qui, un jour, avait croisé mon chemin en classe de seconde. L'homme que la vie avait éloigné de moi, bousculant nos certitudes à l'aube de ma deuxième année d'université. L'homme que Dieu, dans son infinie sagesse, m'a rendu en 2022, plus fort, plus prêt, plus aimant que jamais. Il était la preuve vivante que les âmes sœurs ne se perdent jamais vraiment, qu'elles se retrouvent toujours au moment où elles sont prêtes à s'aimer pleinement.

Quand j'ai avancé vers lui, le temps s'est ralenti. Dans ses yeux, j'ai vu mille promesses, mille aurores, mille lendemains. Chaque pas m'arrachait au passé et me propulsait vers un avenir que je savais radieux. Arrivée devant lui, ses doigts ont frôlé les miens, et j'ai compris. J'étais chez moi.

Nos vœux n'étaient pas de simples paroles récitées à la hâte. Ils étaient le reflet de nos âmes, le cri silencieux de nos cœurs qui se reconnaissaient enfin. Nous avons promis d'être là, dans les éclats de rire comme dans les larmes discrètes, dans l'exaltation des jours heureux comme dans les épreuves qui viendraient. Nous avons promis de marcher ensemble, main dans la main, les yeux tournés vers le même horizon.

Ce mariage n'était pas une simple étape, c'était le sceau d'un amour éprouvé et sanctifié. Il était devenu bien plus que l'homme que j'aimais ; il était le père de mon fils, le gardien de mes rêves, l'homme de ma destinée.

Quand la dernière note de musique s'est envolée dans la nuit, que les derniers éclats de rire se sont fondus dans le murmure du vent, j'ai su. Ce soir-là, sous les étoiles du Gabon, nous n'étions plus deux âmes errantes à la recherche d'un refuge. Nous étions une seule et même lumière, une seule et même promesse, un seul et même amour que rien ni personne ne pourrait jamais éteindre.

Et dans l'étreinte de cette nuit bénie, nous avons laissé le destin sceller notre éternité.

05 août 2023

Les émotions m'envahissaient alors que je me tenais ici, au seuil d'un nouveau chapitre de ma vie. Ce jour-là, en cette église qui avait été mon refuge, mon roc, mon sanctuaire durant les moments de dépression, je venais non plus avec des larmes de douleur, mais avec des larmes de gratitude et de joie. Aujourd'hui, je recevais la bénédiction nuptiale, entourée de ceux qui avaient été, mes soutiens, ma famille de cœur.

Il y a quelques années, je franchissais ces portes sans savoir qui j'étais, ce que je devais faire, ni ce que la vie attendait de moi. L'obscurité avait voilé mon horizon, et je me sentais perdue, désorientée, vidée de toute force. J'avais pleuré sur ces chaises tant de fois, et chaque dimanche, je criais à Dieu, le suppliant de restaurer mon être meurtri. La douleur était immense, et pourtant, en ces lieux, j'avais trouvé une paix insoupçonnée.

Je me souvins d'un jour particulier, alors que je m'abandonnais une fois de plus dans la prière, le cœur lourd de chagrin. J'avais entendu une voix douce me murmurer : « *Ne crois-tu pas que je peux prendre soin de toi et de ton fils ?* » Ce fut un appel à la confiance, et j'avais senti quelque chose de différent : l'espérance renaître.

Dès lors, j'avais choisi de faire confiance à Dieu, de lui abandonner mes peurs, mes doutes, mes blessures. J'avais décidé de ne plus marcher seule. Et peu à peu, ma vie avait commencé à se transformer. Dans cette église, j'avais trouvé une famille, mes amis, ma famille spirituelle, mes parents de cœur, Elie et Malou. Tous avaient été là pour m'accompagner, me soutenir, me rappeler que je n'étais pas seule.

Aujourd'hui, trois ans plus tard, je me tenais devant eux, devant Dieu, prête à faire une nouvelle promesse, un engagement d'amour et de foi. Cette bénédiction nuptiale était bien plus qu'un simple événement. Elle était le témoignage de l'immense grâce de Dieu dans ma vie. Elle était la preuve vivante que même les cœurs brisés pouvaient guérir, que l'amour pouvait renaître là où on ne l'attendait plus. Et que l'amour existait toujours.

Le chemin jusqu'ici n'avait pas été facile. Il avait fallu apprendre à pardonner, à me relever, à croire de nouveau en l'avenir. Il avait fallu surmonter les peurs, les doutes, les blessures du passé. Mais chaque épreuve m'avait menée à cet instant, chaque larme versée avait préparé mon cœur à aimer de nouveau, pleinement, sans réserve.

Aujourd'hui, en présence de Dieu et de ma famille spirituelle, je faisais ce pas, le cœur rempli de gratitude. Je regardais autour de moi et je voyais les visages aimants de ceux qui avaient été mes compagnons de route, ceux qui avaient prié pour moi, qui avaient cru en moi même lorsque je n'en étais plus capable. Ils étaient les témoins de ce miracle, de cette renaissance.

Je me tenais ici, aux côtés de celui qui partageait ma vie aujourd'hui, l'homme qui avait su voir en moi bien au-delà des blessures passées. Il était le reflet de l'amour patient, de la bienveillance infinie. Avec lui, je comprenais que l'amour était une libération basée sur la confiance, non sur la peur.

Elie et Malou, témoins de cette union, étaient des mentors précieux. Leur sagesse et bienveillance éclairaient mon chemin et croyaient en nous. Aujourd'hui, je prononçais ces vœux avec gratitude envers Dieu, cette église, et vous tous qui aviez contribué à ce bonheur retrouvé.

La vie pouvait être difficile, avec ses épreuves et doutes. Mais je n'étais pas seule. J'étais entourée d'amour et portée par une foi inébranlable.

Que cette bénédiction fût le symbole de cette nouvelle vie qui débutait, d'un foyer fondé sur l'affection, la compréhension et la confiance. Que cet engagement soit toujours au cœur de cette union, nous guide, nous renforce, et nous aide à demeurer fidèles à nos promesses.

Ce jour-là, j'éprouvais de la gratitude. Ce jour-là, je choisissais d'aimer et de recevoir de l'affection.

J'ai pris l'engagement de fidélité, de paix et d'amour envers Créxent-Émée, qui allait devenir le père de mes enfants et mon époux.

J'avais compris que la douleur n'était pas une fin en soi, mais plutôt une étape, une transition vers une compréhension plus profonde. Chaque épreuve, aussi difficile soit-elle, contenait une leçon précieuse, un enseignement à saisir. J'avais surtout appris à m'appuyer sur ma relation avec Jésus-Christ, car c'était elle qui m'avait permis de me relever.

Même si l'avenir semblait parsemé d'obstacles et de défis, j'étais consciente qu'en moi résidait une force supérieure aux difficultés extérieures. Celui qui vivait en moi était plus fort que tout ce que le monde pouvait opposer. Cette fois-ci, j'étais prête à affronter chaque situation avec confiance et détermination.

Je considérais avoir été rachetée à un prix inestimable, grâce à un sacrifice profond et un acte d'amour pur, qui m'avaient offert une nouvelle vie et une nouvelle opportunité. Ce don précieux rendait compte de la puissance de la rédemption. Les épreuves traversées, mes combats, et ma douleur étaient devenus des témoignages de ce que la grâce et l'amour divin pouvaient accomplir. Avec cette vérité ancrée en moi, j'étais prête à avancer, à partager mon expérience et à offrir, à travers mes mots, un reflet de la guérison et du salut reçu.

Ainsi que cela est écrit:

"C'est pourquoi je me plais dans les faiblesses, dans les outrages, dans les besoins, dans les persécutions, dans les angoisses pour Christ ; car lorsque je suis faible, c'est alors que je suis fort." **2 Corinthiens 12 :10**